성명 :   연락처 :

최초   작성일   20   .   .   .

마지막 완료일   20   .   .   .

슈다북을 시작하면서 나에게 메시지를 보낸다.

나는 앞으로 _____

슈퍼 리치 다이어리 북

❖ 행복한 부자 7법칙

그래, 난 마음의 안정을 찾을 거야.

그래, 난 매일 내 꿈을 생각할 거야.

그래, 난 매일 내 꿈을 100번씩 말할 거야.

그래, 난 매일 내 꿈을 100번씩 쓸 거야.

그래, 난 매일 오늘을 감사할 거야.

그래, 난 매일 꿈을 이룬 내 모습을 상상할 거야.

그래, 난 대견한 내 모습을 축하해 줄 거야.

7법칙을 행하는 순간부터 내 꿈은 이미 이루어져 있다.
내가 가야 할 행복한 부자의 길이 보인다.

슈퍼 리치 **다**이어리 북

서채원(슈다) 지음

가연

나를 깨우는 힘을 느끼는
그 순간이 올 때

대부분의 우리들은 앞만 보고 달리기에 열중하며 2,30대와 40대를 보낸다. 우리는 준비 없이 직장에서 인간관계를 맺고, 그들에게 상처를 받고 상처를 준다. 그리고 결혼을 하고 자녀를 양육하기 시작하지만, 이 것 또한 좌충우돌의 힘든 시간을 보낸다. 우리는 상처 때문에 힘들어 하고 지쳐간다. 그리고 40대에 다다르면 커가는 아이들을 보며 경제적으로 부족한 자신을 바라보게 된다. 그리고 돈에 대해 갈망한다. 그러나 갈망은 갈망에서 끝날 뿐, 내 마음을 흔드는 수많은 사건들로 주저앉는다.

나도 역시 이와 같은 역경 속에서 삶을 살아 왔다. 절망의 구렁텅이에 있을 때는 부자가 되겠다고 생각조차 하지 못했고, 정신을 차리고 마음을 다잡아도 치유되지 않은 상처들이 부메랑처럼 다시 돌아왔다.

다행히도 나는 미친 듯이 제테크와 성공 분야의 책을 읽기 시작했다. 어느 순간 단 1권의 책이 내 마음에 큰 울림을 주었다. 바로 4천억 자산가인 김승호 회장의 책이었다. 그의 성공 비결인 '100일 100번 목표 쓰기'를 매일매일 쓰기 시작했다. 신기하게 삶의 길이 보였다. 내 인생의 불편함을 해결해야 되겠다는 생각이 들었다. 변화를 위해 행동으로 실천할 수 있는 것을 찾아갔다. 그리고 문제가 해결되지 않을 때, 적극적인 내 변화가 필요하다고 느낄 때, 책 속의 전문가를 직접 만나며 나를 성장시키기 시작했다.

그런데 이를 멈추게 하는 것이 있었다. 바로 내 마음이 무너질 때였다. 나는 이런 나를 안아 줄 보물 책을 찾아 헤매며 심리학 분야 책을 읽기 시작했다. 그리고 나는 내 존재가 가장 안정될 때 나에게 집중할 수 있다는 것, 내 안에 사랑이 가득해야 성공할 수 있다는 것을 다시 깨달았다. 나는 오뚝이처럼 다시 일어났다.

행복한 부자가 되기 위해 '정말 해야 할 그 무엇'을 찾고, 그것을 '행동하기 위한 하나의 시스템'을 만들어야겠다고 생각했다. 가장 먼저 가난의 습관을 버리는 것, 진정한 나를 찾는 성장이 부의 가장 기본이 된다는 것, 성공 습관을 체화하는 것임을 깨달았다.

새벽 5시, 새벽 4시 반, 새벽 4시로 나의 기상 시간은 변해 갔다. '마음의 안정'을 찾는 것에 집중했다. '진정한 삶의 목표'를 생각하고 쓰고 말하며 상상했다. 경제적 독립을 위해 현실을 자각하며, '빚 없는 부자'가 되기 위한 '가계부'를 썼다. '내 본연의 목소리'를 찾으며 하루를 시작했고, '긍정적인 말'로 하루를 보내려고 노력했다. '정말 해야 할 일'을 하는 '하루 일과'를 계획했다. 더 빨리 목표에 도달하기 위해, '100일 100번 목표 쓰기'로 내 몸이 내 목표를 잊지 않도록 했다. 내게 주어진 모든 것에 감사하며 '감사일기'를 썼다. '습관을 유지'하기 위한 방법을 찾으려고 노력했다. '독서'를 통해 문제의 본질과 해결책을 찾았다. 책 속의 성공한 이들은 또 다른 나의 롤모델이 되었다. 나는 진정한 목표를 향해 모든 것을 '기록'하며 삶의 이정표를 찍어갔다.

이렇게 이 모든 것, 성공한 이들의 성공 노하우는 나의 4개의 노트 속에 담겨졌다. 그렇게 바닥을 치던 내 인생이 매일매일 희망과 목표가 다가오며 변화했다. 하지만 분리된 4개의 노트는 나에게 불편함을 안겨주었다. 서점과 문구점을 다 뒤져도, 진정한 슈퍼 리치가 되는 길을 담은 다이어리는 없었다. 편리하고 실용적이며 성공을 위해 해야 할 그 '무엇'에 집중할 수 있는 다이어리를 만들기로 결심했다. 진정한 성공은 자기성장과 성공습관을 가지는 것이 유일한 길임을 담았다. 이 모든 것이 단한 권의 책에서 시작되었기에 21권의 성공 필독서를 정리했다. 7개의 챕터 속에 부자가 갔던 길을 행동으로 실천하게 만드는, 다이어리를 채워가기만 하면 꿈이 이루어지는 슈퍼 리치 다이어리 북이 탄생되었다.

현실, 나에게 주어진 시간들, 상황은 바뀐 것 하나 없다. 그런데 나는 행복하다. 앞으로 잘될 것이라는 믿음과 자신감이 꿈틀거린다. 왜일까? 로또에 당첨되었나? 그렇다. 마음의 로또, 행복한 부자가 될 수 있다는 믿음의 로또에 당첨되었다. 아직도 급한 내 성격과 버둥거리는 그 마음이 존재한다. 하지만 이제는 해결되지 않는 문제 앞에서 두렵지 않다. 그저 내 배움이 부족할 뿐임을 알기 때문이다. 겨울왕국의 엘사가 정령들을 다루듯, 나에게 다가 오는 폭풍의 전야 앞에서 웃으며 말할 수 있다. '매일매일 배움으로 다이어리를 가득 채우면 된다.'고 말이다.

성공이라는 최종 목표에 도달하는 방법은 나를 멈추지 않게 하는 것이다. 이 유일한 방법은 성공한 자의 노하우가 깃든 다이어리를 끊임없이 기록하며 행동으로 실천하는 것, 평범한 우리들이 성공한 그들이 갔던 길을 동무가 되어 함께 가는 것이다. 이 길을 걷는다면, 우리는 더 빨리 행복한 부자가 되어 있을 것임을 확신한다. 그 과정 속에 나를 깨우는 힘을 느끼는 그 순간, 당신은 이미 누군가의 힘이 되는 또 다른 당신이 되어 있을 것이다.

마지막으로 이 지면을 통하여 '100일 100번 목표 쓰기'를 다이어리에 담을 수 있도록 허락해주신 김승호 회장님, 거친 내 목소리를 다듬어주시며 내면의 상처도 함께 어루만져주신 보이스 스타일러 김나연 대표님, 어린 시절의 내면의 상처를 버리고 그 자리에 사랑을 담게 해주신 상처치유 전문가 최희수 소장님, 경제적 자립과 유튜버의 길을 진심을 담아 인도해주신 단희 선생님, 외롭게 홀로 가던 슈다북을 따뜻한 사랑과 애정으로 세상에 나가게 해주신 북 코디네이터 정도준 대표님, 진심으로 감사드립니다. 사랑합니다. 축복합니다.

사랑이 가득하고 지혜로운 사람이 되겠다는 선택을 할 수 있게 해준 아들 준이와 가족들에게 고맙고, 감사하고, 하늘만큼 사랑한다는 말을 전합니다.

2020년 6월
슈다 서채원

어떻게 쓰느냐에 집중하지 말고

행복한 부자 7법칙 - 성공한 부자들의 성공 노하우 획득!
경제적 자립과 진정한 나를 찾아가는 길 제시.
그것은 바로 행복한 부자 7법칙을 따르는 것이다.
'안정하고, 생각하고, 말하고, 쓰고, 감사하고, 상상하고, 자축하라!
종이 위의 기적, 채워 가면 이루어진다.'

성공 노하우 집합체를 제공하는 올인원 시스템 - 목표 달성!
그들의 성공 노하우 집합체 제시.
'인생 설계와 목표 설정, 가계부, Daily Plan, 100일 100번 목표 쓰기,
감사 일기, 독서 기록, 메모장'을 한 권에 담은 올인원 시스템.
행복한 부자들이 갔던 긴 길을 단거리 선수가 되어
목표 지점에 빨리 도달하게 될 것이다.

현재의 직장을 유지하고 제2의 인생을 준비 - 성공 습관 완성!
언젠가는 직장을 그만두어야 한다는 현실에 대한 자각,
성공의 핵심은 성공하는 작은 습관을 기르는 것이라는 깨달음 제시.
현재의 삶을 유지하면서 제2의 인생을 위해,
성공의 작은 습관을 실천하게 만들어줄 것이다.

무엇을 쓰느냐에 집중하자

플래너를 꾸미는 것은 이제 그만, 성공한 그들이 한 그 '무엇'에 집중!

1년에 1번 인생 계획 수립 후, 매월 가계부 1장과 Daily Plan 2장이면 끝.

이제 성공을 위해 정말 해야 할 그 '무엇'에 집중할 때이다.

삶의 바닥에서 성공으로 가는 길에 꼭 필요한 책 소개 – 성공과의 만남 시작!

뼛속까지 성공의 의지를 불태우고 부자 마인드로 리셋해주는

21권의 성공 필독서와 핵심 정리 제시.

기존의 생활리듬이 다 깨지는 새벽 4시 기상도 거뜬히 해낼 수 있는 정신,

시간이 돈이라는 깊은 깨달음,

진정한 부자는 진정한 나를 찾는 것이라는 알아차림,

그리고 부자들이 갔던 길을 걷게 하는 통로를 만날 것이다.

내 인생 성공 스토리 – 성장의 기록물 창조!

더 이상 일상의 업무를 단순히 기록하는 다이어리는 이제 그만.

행복한 부자가 되기 위한 핵심은 내가 성장하고

내 생각을 내 몸과 함께 깨우며 그 변화를 기록하는 것이다.

이제 세상에서 하나밖에 없는,

성공한 당신의 인생을 담은 한 권의 책이 만들어질 것이다.

한눈으로 보는 슈다북

슈다북 7장	행복한 부자 7법칙	21키워드	21책	21성공 실천
1장. 인생 목표 정하기	슈다의 제1법칙 (안정, 마음의 안정)	1. 공감의 힘	『당신이 옳다』 정혜신	1. 미러링 공감대화
		2. 사랑의 기적	『사랑하는 아이에게 화를 내지 않으려면』 푸름아빠 최희수	2. 내면아이 치유
		3. 가치의 발견	『알면서도 알지 못하는 것들』 김승호	3. 인생 목표 수립
2장. 가계부 작성하기	슈다의 제2법칙 (생각, 현실의 자각)	1. 경쟁력의 자립	『부의 추월차선』 엠제이 드마코	1. 돈 나무 만들기
		2. 불편함의 진실	『어웨이크』 피터 홀린스	2. 한 발 나가기
		3. 비움의 역설	『7가지 부의 불변의 법칙』 데이브 램지	3. 빚 없는 부자 되기
3장. Daily Plan 작성하기	슈다의 제3법칙 (말, 하루의 시작)	1. 시작의 경이로움	『하버드 새벽 4시 반』 웨이슈잉	1. 성공 다지기
		2. 호흡의 중요성	『말의 품격을 더하는 보이스 스타일링』 김나연	2. 동그라미 스-호흡
		3. 말의 파장	『2억 빚을 진 내게 우주님이 가르쳐준 운이 풀리는 말버릇』 고이케 히로시	3. 나를 세우는 말버릇

행복한 부자 7법칙: 안정하고, 생각하고, 말하고, 쓰고, 감사하고, 상상하고, 자축하라.
(종이 위의 기적, 채워 가면 이루어진다.)

슈다북 7장	행복한 부자 7법칙	21키워드	21책	21성공 실천
4장. 100일 100번 목표 쓰기	슈다의 제4법칙 (쓰기, 생각의 발현)	1. 생각의 비밀	『생각의 비밀』 김승호	1. 100:100 목표 수립
		2. 습관의 잠재력	『Atomic Habits (아주 작은 습관의 힘)』 제임스 클리어	2. 습관 시스템 만들기
		3. 단순함의 완벽	『인생을 단순화하라』 스펜서 존슨 · 케네스 블랜차드	3. 단순한 인생 운영하기
5장. 감사 일기 쓰기	슈다의 제5법칙 (감사, 감사의 기적)	1. 감사의 그릇	『감사하면 달라지는 것들』 제니스 캐플런	1. 감사 실천
		2. 화해의 품격	『오은영의 화해』 오은영	2. 상처 치유와 회복
		3. 믿음의 성장	『강아지똥』 권정생 글/정승각 그림	3. 내 존재 빛내기
6장. 독서하기	슈다의 제6법칙 (상상, 새로움의 나)	1. 지혜의 재발견	『독서는 절대 나를 배신하지 않는다』 사이토 다카시	1. 독서 마인드 세팅
		2. 단무지의 법칙	『마흔의 돈 공부』 단희쌤	2. 제2막 인생 성공 독서
		3. 상상의 즐거움	『상상하면 이긴다』 크리스 버딕	3. 상상의 아바타 만들기
7장. 메모하기	슈다의 제7법칙 (자축, 성장의 기록)	1. 삶의 이정표	『메모의 힘』 유근용	1. 성공 메모
		2. 기록의 진화	『크리에이티브는 단련된다』 이채훈	2. 창조의 나 단련
		3. 존재의 특별함	『너는 특별하단다』 맥스 루케이도 저/ 세르지오 마르티네즈 그림	3. 나의 특별함 주입

가난은 물질이 가난한 것이 아니라 의식이 가난한 것입니다. 그래서 가난에서 빠르게 벗어나서 부자가 되는 방법은 의식 수준을 높이는 것입니다.

저는 서채원 님이 쓴 슈퍼 리치가 되는 다이어리 북인 『슈다북』을 단숨에 읽으면서 이 책의 내용을 실천하면 정말 사회에 선한 영향력을 끼치는 부자가 될 거라는 마음이 들었습니다.

마음이 방향을 정하고 선명하게 이미지를 그리면 현실에서는 원하는 것이 창조됩니다. 그런데 이 책은 그런 선명한 이미지를 어떻게 그려야 하는지를 알려줄 뿐만 아니라, 그런 그림을 그리는 것을 방해하는 것이 무엇인지도 말해주며, 성공하는 습관을 실천하도록 매일매일 기록하고 적을 수 있는 편리하고 실용적이며 성공을 위한 다이어리까지 주고 있습니다.

저자가 선정한 21권의 책은 모두가 경험에서 나온 깊이 있는 책들입니다. 그런데 『슈다북』은 그 책의 핵심가치를 뽑아내어 하나로 통합을 이루어냈습니다. 그래서 책이 재미있게 술술 읽히며, 읽으면서 부에 대한 깨달음도 오고, 자신도 모르는 사이에 성공 습관이 체화될 것입니다. 정말 부자가 되고 싶다면 이 책을 꼭 여러 번 읽어보고 실천하기를 바랍니다.

『푸름아빠 거울육아』 저자, 푸름이교육연구소 소장 최희수

사업의 실패로 내 삶이 바닥까지 떨어졌을 때, 그 상황을 벗어나기 위해 치열한 사투의 과정에서 성공의 공식, 성공의 비밀, 성공의 무기를 발견했습니다.

그것은 '분명한 목표, 감사와 긍정 그리고 독서와 메모'였습니다.

이 책은 개인의 성장과 성공을 위한 위 무기들의 활용법을 친절하게 잘 알려주고 있습니다. 당신이 성장과 성공을 원한다면 이 책이 당신의 친절한 길잡이가 되어줄 것입니다.

『마흔의 돈 공부』 저자, 부동산 재테크 전문가, 43만 유튜버 단희쌤

들어가는 글 ● 6

슈다북 가이드 ● 10

한눈으로 보는 슈다북 ● 12

추천사 ● 14

chapter *1* 인생 목표 정하기

마음의 안정 ● 25

마음의 안정을 가져오는 **공감의 힘**   25

내면아이와 마주한 **사랑의 기적**   26

목표를 강화하는 **가치의 발견**   27

슈다북과 함께 하는 성공 필독서 ● 29

정혜신의 『당신이 옳다』   29

푸름아빠 최희수의 『사랑하는 아이에게 화를 내지 않으려면』   30

김승호의 『알면서도 알지 못하는 것들』   32

성공한 이들과 함께 하는 슈다의 성공 실천 ● 35

『당신이 옳다』를 재구성한 슈다의 미러링 공감대화   34

『사랑하는 아이에게 화를 내지 않으려면』을 재구성한 슈다의 내면아이 치유   36

『알면서도 알지 못하는 것들』을 재구성한 슈다의 인생 목표 수립   39

슈다의 인생 목표 작성법   40

빛나는 인생 목표 만들기 ● 42

장기 목표   42

단기 목표   44

연도별 목표   46

chapter *2* 가계부 작성하기

♥ 현실의 자각 • 51

부의 추월차선을 향한 **경쟁력의 자립**   51
발상의 전환으로 느껴지는 **불편함의 진실**   52
부자로 이끄는 **비움의 역설**   53

📚 슈다북과 함께 하는 성공 필독서 • 55

엠제이 드마코의 『부의 추월차선』   55
피터 홀린스의 『어웨이크』   57
데이브 램지의 『7가지 부의 불변의 법칙』   59

⏰ 성공한 이들과 함께 하는 슈다의 성공 실천 • 62

『부의 추월차선』을 재구성한 슈다의 돈 나무 만들기   62
『어웨이크』를 재구성한 슈다의 한 발 나아가기   63
『7가지 부의 불변의 법칙』을 재구성한 슈다의 빚 없는 부자 되기   64
슈다의 가계부 작성법   66

✒ 빚 없는 부자 가계부 쓰기 • 68

계좌 보유 현황   68
신용 카드 보유 현황   68
[기본] 연간수입과 지출, 자산 현황   71
'슈다의 빚 없는 부의 7법칙'을 활용한 빚 청산 계획 세우기   72
'슈다의 빚 없는 부의 7법칙'을 활용한 자신의 단계에 맞는
                저축 계획 세우기   72
월별 지출 현황   74

chapter 3 Daily Plan 작성하기

♥♥ 하루의 시작 ● 83

밝은 미래를 열어주는 **시작의 경이로움**　　　　　　　　　83
본연의 나를 찾는 **호흡의 중요성**　　　　　　　　　　　84
긍정적 에너지를 만드는 **말의 파장**　　　　　　　　　　86

📚 슈다북과 함께 하는 성공 필독서 ● 87

웨이슈잉의 『하버드 새벽 4시 반』　　　　　　　　　　　87
김나연의 『말의 품격을 더하는 보이스 스타일링』　　　　89
고이케 히로시의 『2억 빚을 진 내게 우주님이 가르쳐준 운이 풀리는 말버릇』　91

⏰ 성공한 이들과 함께 하는 슈다의 성공 실천 ● 93

『하버드 새벽 4시 반』을 재구성한 슈다의 성공 다지기　　　93
『말의 품격을 더하는 보이스 스타일링』을 재구성한
　　　　　　　　　　슈다의 동그라미 스–호흡　　　94
『2억 빚을 진 내게 우주님이 가르쳐준 운이 풀리는 말버릇』을
　　　　　　　　재구성한 슈다의 나를 세우는 말버릇　　95
슈다의 Daily Plan 운영법　　　　　　　　　　　　　97

🖋 꿈을 이루는 Daily Plan 세우기 ● 98

나의 24시간 시간표　　　　　　　　　　　　　　　98
月 Daily Plan　　　　　　　　　　　　　　　　　100

chapter *4* 100일 100번 목표 쓰기

♥ 생각의 발현 • 119

목표에 한 발 더 다가가는 **생각의 비밀**   119
성과를 이끌어내는 **습관의 잠재력**   121
선택과 집중을 도와주는 **단순함의 완벽**   122

슈다북과 함께 하는 성공 필독서 • 124

김승호의 『생각의 비밀』   124
제임스 클리어의 『Atomic Habits – 아주 작은 습관의 힘』   126
스펜서 존슨 · 케네스 블랜차드의 『인생을 단순화하라』   128

성공한 이들과 함께 하는 슈다의 성공 실천 • 131

『생각의 비밀』을 재구성한 슈다의 100:100 목표 수립   131
『Atomic Habits(아주 작은 습관의 힘)』을 재구성한 슈다의
                   습관 시스템 만들기   132
『인생을 단순화하라』를 재구성한 슈다의 단순한 인생 운영하기   133
슈다의 100일 100번 목표 쓰기 작성법   135

✒ 꿈을 이루는 100일 100번 목표 쓰기 • 138

chapter 5 감사 일기 쓰기

감사의 기적 ● 243

행복을 배가시키는 **감사의 그릇**	243
나를 용서하는 **화해의 품격**	245
성공의 동기를 부여하는 **믿음의 성장**	246

슈다북과 함께 하는 성공 필독서 ● 248

제니스 캐플런의 『감사하면 달라지는 것들』	248
오은영의 『오은영의 화해』	250
권정생 글/정승각 그림의 『강아지똥』	252

성공한 이들과 함께 하는 슈다의 성공 실천 ● 254

『감사하면 달라지는 것들』을 재구성한 슈다의 감사 실천	254
『오은영의 화해』를 재구성한 상처 치유와 회복	255
슈다의 감사 일기 작성법	257

행복의 기적을 만드는 감사 일기 쓰기 ● 258

chapter 6 독서하기

💗 새로움의 나 ● 275

독서를 통한 **지혜의 재발견**	275
의외로 효과적인 **단 · 무 · 지의 법칙**	277
의욕을 고취시키는 **상상의 즐거움**	278

📚 슈다북과 함께 하는 성공 필독서 ● 280

사이토 다카시의 『독서는 절대 나를 배신하지 않는다』	280
단희쌤(이의상)의 『마흔의 돈 공부』	282
크리스 버딕의 『상상하면 이긴다』	285

⏰ 성공한 이들과 함께 하는 슈다의 성공 실천 ● 288

『독서는 절대 나를 배신하지 않는다』를 재구성한 슈다의 독서 마인드 세팅	288
『마흔의 돈 공부』를 재구성한 슈다의 제2막 인생 성공 독서 전략	288
『상상하면 이긴다』를 재구성한 상상의 아바타 만들기	289
슈다의 독서 기록 작성법	290

✒ 배움의 씨앗을 뿌리는 독서 목록 기록하기 ● 292

희망 도서 목록	292
독서 습관 기록	294

chapter 7 메모하기 ● 19

♥ 성장의 기록 ● 301

메모가 보여주는 **삶의 이정표**   301

창조적 결과물로 다가오는 **기록의 진화**   302

대체할 수 없는 **존재의 특별함**   304

📚 슈다북과 함께 하는 성공 필독서 ● 306

유근용의 『메모의 힘』   306

이채훈의 『크리에이티브는 단련된다』   308

맥스 루케이도 저/세르지오 마르티네즈 그림의 『너는 특별하단다』   310

⏰ 성공한 이들과 함께 하는 슈다의 성공 실천 ● 312

『메모의 힘』을 재구성한 슈다의 성공 메모   312

『크리에이티브는 단련된다』를 재구성한 슈다의 나 단련   312

『너는 특별하단다』를 재구성한 슈다의 나 특별함의 주입 313

슈다의 메모장 작성법   314

✒ 메모장 – 성공의 조각을 기록하는 메모하기 ● 315

Shuda's first Law

Stability, mental stability

- Power of empathy
- Miracle of love
- Discovery of value

chapter **1**

—

인생 목표 정하기

슈다의 제**1**법칙

안정, 마음의 안정

- 공감의 힘
- 사랑의 기적
- 가치의 발견

시작은 언제나 새롭다.
그 새로움은 내적 평화에서 잉태될 때 더욱 강하다.
장·단기 목표 설정과 연도별 인생 설계에 앞서
본연의 나를 돌아보고
마음의 안정을 되찾는 계기를 마련하도록 하자.

01

슈다의 인생 목표 작성

 **마음의 안정**

마음의 안정을 가져오는 **공감의 힘**

행복한 부자 되는 길, 가장 첫 단계가 무엇일까? 지금 내 마음은 어떠한가? 더 나아가 내 가족과 주변 사람들의 마음은 어떠한가? 혹시 화나고 불편한 상황에 온 힘을 다하고 있지는 않은가? 그리고 이로 인하여 꿈을 찾고 도전하며 성공에 집중하는 순간을 멈추게 하지는 않았는가? 나는 그랬다. 때때로 주위의 모든 상황이 버거웠고 더 이상 스스로 버틸 자신이 없었다.

하지만 힘겹게 다시 일어나서 나의 불편함을 해결하는 데 집중했다. 이 불편함의 원인은 너무도 익숙한 공감의 부재에 있었다. 나는 즉각적으로 문제를 해결할 수 있는 방법을 찾는 데 다시 집중했다. 그리고 정혜신의 『당신은 옳다』를 만났고 어느 순간 진이 다 빠지는 것 같은 하루를 날려 버릴 수 있게 되었다. 이제는 '공감의 힘'을 마음껏 발휘하며 나의 마음을 편안히 마주하고, 내가 가야 할 그 길에 다시 오르고 있다.

내면아이와 마주한 **사랑의 기적**

나는 직장에서 안정된 생활을 유지하기 시작했다. 하지만 또다시 불편함과 마주했다. 가장 가까운 사람에게 아무리 공감하려고 애써도 마음이 동하지 않아 서로에게 상처를 주고 있다는 사실을 깨달았다. 사랑해야 할 그들과 남보다 못한 관계를 만드는 이 부딪힘의 원인은 뭘까? 내가 정해놓은 이 규칙, '너는 이렇게 해줘야지.', '이러면 안 되지.'라는 이 마음은 어디서 왔을까? 그리고 '이 마음을 버리면 되는데 버려지지 않아 고통스러운 이 정체는 무엇인가?'라는 의문이 생겼다.

내가 만든 것들, 지금 내가 받고 있는 이 고통을 치유하고 싶어졌다. 누구든 나에게 '당신이 옳다.'고 말하며 내 마음을 공감해줄 사람이 있기를 바랐다. 하지만 정서적인 내 편이 되어야 할 지인들은 각자의 이름 모를 고통으로 서로를 외면한다. 현실 속에서 내 존재를 치유하기란 쉽지 않다. 정서적으로 공감해 줄 유능한 지지자를 찾기는 더욱 어렵다.

나는 나 스스로 내 존재를 치유하는 방법을 찾겠다고 결심했다. 이론이 아닌 즉각적으로 문제 해결을 위해 행동으로 실천할 수 있는 것을 찾고 싶었다. 그러한 와중에 모든 문제를 해결하고 내게 '사랑의 기적'을 느끼게 해준 푸름아빠 최희수의 『사랑하는 아이에게 화를 내지 않으려면』을 만났다. 그리고 깨달았다. 인간관계 속에서의 잘못된 선택, 나만이 느끼는 불편한 감정들, 내 삶이 고통스러운 이유가 상처받은 나의 내면아이 때문이라는 것을 말이다.

내면아이와 마주한 후 비로소 '미움과 사랑은 공존할 수 없다.'는 말의 의미를 알게 되었다. 내 안의 분노가 없어질수록 사랑의 마음은 더 커져갔고 지인은 물론 내 주변의 모든 사람을 사랑하고 싶어졌다. '공감은 진정한 사랑에서 나온다.'라는 사실도 다시 깨달았다. 내면의 내 상처가 치유될 때, 나와 내가 관계한 모든 사람들과의 관계가 평온해지며 놀라운 사랑의 기적이 찾아옴을 알게 되었다.

목표를 강화하는 가치의 발견

각박했던 내 안에 사랑하는 마음이 생겼음을 느낀다. 그리고 행복한 삶을 상상한다. 행복의 기준에 물질적 기반이 빠질 수는 없다.

하지만 그냥 부자가 아닌 행복한 부자가 되고 싶다. 어떻게 살아야 할까를 고민하며 만난 책, 김승호 회장의『알면서도 알지 못하는 것들』은 내 삶의 가치와 목표를 정해주었다. 그가 했던 것처럼 온 힘을 다해 내 목표가 무엇인가에 대해 생각했고, 바르게 살 것을 결심했으며, 의롭고 믿음과 덕이 있는 사람들과 인연을 만들 방법을 모색했고, 보답을 바라지 않는 선행이 진정한 삶의 선물을 준다는 것에 공감하며, 내가 무엇을 줄 수 있는 사람인지를 고민했다.

　나는 얼마 전까지 현실의 도피를 위한 부자의 길을 준비했다. 지금은 많은 사람들을 사랑하며 살 수 있는 행복한 부자의 길을 꿈꾸고 있다. 삶의 가치, 신념을 어디에 두느냐는 그 사람의 시선을 바꾸고 행동을 바꾸는 것임을 각인하며 오늘도 내 행복의 길을 위해 한 걸음 나아간다.

슈다북과 함께 하는 성공 필독서

정혜신의 『당신이 옳다(해냄)』

스스로 치유할 수 있는 심리적 CPR 행동지침서

　국가폭력 피해자를 도우며 30년간 정신과 의사로 활동하고 있는 정혜신. 이 책은 사람들과의 관계를 바르게 이끄는 대화법을 그녀 자신만의 경험으로 명쾌하게 제시하는 공감대화법 지침서이다. 그녀는 "당신이 옳다."고 말해 주는 것이 "온 체중을 실은 그 짧은 문장만큼, 누군가를 강력하게 변화시키는 말은 세상에 또 없다."고 말한다.

　나는 그녀가 말하는 "당신이 옳다."는 의미를 이해하고, 상대가 느끼는 감정에 집중하며, 충고 · 조언 · 비판 · 평가 없이 자신의 행동을 바라볼 수 있도록 질문하는 대화법으로 바꿨다. 그리고 그녀가 말한 "존재가 바로 서면 특별한 가르침은 필요 없다."는 것과 "스스로 깨닫고 길을 찾는 이것이 공감의 놀라운 힘이다."는 것을 몸소 체험하였다. 이 논리는 나이를 막론하고 공감의 과녁을 정확하게 적중했다.

　이렇게 나는 내 삶에서 '그들의 문제들'을 가볍게 해결해 나갔다. 그런데 특정한 상황 속에서 화가 나 불필요한 에너지를 쏟고 있는 나를 바라보게 되었다. 그녀의 '공감은 이해'라는 논리를 더 깊이 생각하며 '무엇을 이해해야 할까'를 고민했다. 우리가 동일한 행동 또는 상황에서 다른 반응을 보이는 이유는 자신이 정해 놓은 소중한 규칙이 침해당했거나 침해했다고 느끼는 순간이라는 것을 깨달았다. 우리는 서로 삶의 소중한 '규칙'을 명확히 제시하고, 좋은 인간관계 유지에 초점을 두어 타협할 필요가 있다. 이렇게 한다면, 서로에 대해 더 공감하기가 쉽고 상처의 횟수는 줄어들 것이다. 여러분도 가까운 가족, 친구, 동료와 고객에 이르기까지, 규칙을 찾고 공감적 대화를 한다면 인생이 훨씬 안정되고 풍요로워짐을 느낄 수 있을 것이다.

푸름아빠 최희수의 『사랑하는 아이에게 화를 내지 않으려면(푸른육아)』

치유하지 않은 내면의 상처를 타인에게 반복하고 있는 당신

나는 이 책이 사랑하는 '이'에게 화를 내지 않으려면의 근원적인 해결책을 제시하고 있다고 생각한다. 푸름아빠 최희수는 "우리 모두 어린 시절 상처로 인해 억압된 분노가 있다. 과거에 해결되지 않은 욕구와 상처는 기억이 아닌 몸이 기억을 하고 있다. 어린 시절 경험하지 못하고 제대로 배우지 못했던 감정과 행동은 성인이 되어 그것을 표현하는 데 고통을 느낀다. 다른 사람의 모습에서 자신이 억압한 것을 보는 투사가 일어난다. 그리고 자신도 모르게 타인에게 상처를 준다."고 말한다.

이 상처는 폭행, 폭언, 버려짐, 무관심, 남아선호사상, 울지 못하고 분노하지 못한 감정, 배려 깊은 사랑을 받지 못했던 기억들이다. 이것들은 무의식에 억압되어 분노로 자리 잡는다. 내가 아닌 거짓의 내가 방어기제를 만들고 합리화하며 거짓된 삶을 살아가게 한다. 삶에서 이 상황과 마주하는 순간마다 내면아이는 분노하고 화내면서 대적한다.

그가 말하는 치유 방법은 "무의식에 억압된 감정을 대면하라. 가장 안전한 공간에서, 자신에게 상처를 준 대상을 찾아 상상하며, 짐승같이 울부짖듯 온몸으로 마음껏 분노를 표출하라. 악마 같은 얼굴로 불을 뿜어내듯이 두들기고 욕하며 다 쏟아내라."이다.

이를 통해 "나는 아주 고귀하고 환영받는 존재였다는 것, 그것은 내 잘못이 아니라는 것, 상처의 근원지는 허상이었다는 것, 원하는 사람은 오지 않는다는 것, 상실을 경험해야 한다는 것, 자신을 용서해야 한다는 것, 분노가 없는 이후의 세상은 가장 마음이 편안하고 밝고 따뜻한 사랑이 기다리고 있다는 것"임을 알게 될 것이라고 말한다.

나는 나의 내면아이가 내 어린 시절의 고통을 숨긴 채, 거짓으로 포장하고 있었다는 사실에 너무 놀랐다. 내 상처를 숨기기 위해 평생 경직된 정직을 강조하고, 남들 앞에서 열심히 사는 모습을 보여주기 위해 애썼다. 그래서 삶이 버겁고 외로웠다.

나는 이 책의 마지막 장을 덮는 순간 내면아이와의 대면을 결심했다. 그들과 다시 대면하는 과정에서, 울부짖었던 그 끝없는 고통의 시간은 말로 표현할 수가 없다. 하지만 내 안의 분노가 사라질수록 그가 말한 평온함을 경험했기에 포기할 수 없었다. 이 과정이 결코 순탄하지는 않지만, 고통의 시간이 지날수록 나와 내 주변도 함께 변화된다는 것이 상상이 아니라 현실임을 말해주고 싶다. 이제는 모든 사람들을 사랑으로 바라볼 수 있을 것 같은 행복한 마음이 든다.

내가 이 책을 사랑하는 '아이'가 아니라, 『사랑하는 '이'에게 화를 내지 않으려면』으로 바꾼 이유는 이렇게 나를 되돌아보면서 깨달았기 때문이다. 상처받은 내면아이를 치유하는 것은, 진정한 나의 본질을 찾으며, 그 안에 사랑이 있음을 깨닫게 된다는 것을 말해주고 싶다. 가장 먼저 사랑해야 할 사람은 바로 자신이다. 이것이 이루어지면 어느 누구도 사랑으로 안을 수 있다.

여러분들이 내면아이의 상처로 인하여 더 이상 고통받지 않기를 바란다. 사랑과 미움이 함께 공존할 수 없기에, 내면아이와의 대면을 통해 분노와 미움을 없애보자. 나를 사랑하는 힘의 위대한 기적을 느끼는 순간, 사랑과 행복이 찾아옴을 알게 될 것이다.

김승호의 『알면서도 알지 못하는 것들(스노우폭스북스)』

돈만 많은 부자가 아니다. 진정으로 행복한 부자

가난한 이민자에서 4,000억대 슈퍼 리치로, 현재는 자산 1조 원을 달성한 김승호 회장의 이야기이다. 몇 년 전 측근 100명을 백만장자로 만드는 꿈을 몸소 실천하기도 했다. 그가 이 책을 낼 당시 그에게 빚은 0원이었다. 현재도 빚은 0원으로 알고 있다. 그래서 김승호 회장이 어떤 사람인지 그가 깨달은 행복과 부의 비밀이 더 궁금해졌다.

나는 그의 글 중에 "이 세상의 어떤 난관도 고요한 침묵 상태에서 온 힘을 다해 문제 해결을 위해 집중(생각)하면 이를 막을 난관은 없다."는 글귀를 수백 번은 읽고 되뇌었다. 아직도 이 문장은 나의 가슴을 뭉클하게 만든다. 그리고 "바르게 살면 가진 것이 더 커진다."는 말에 한참을 생각했다. "세상의 가장 높은 곳으로 날아올라 세상 전체를 한눈에 넣어라."는 그의 메시지에 가슴이 벅차올랐다. "마음의 평화를 잃을 만큼 가치 있는 일은 없다."는 그의 글과 만나는 순간, 내 마음을 흔드는 가치 없는 일들에 집중하고 있는 나를 바라보게 해주었다. 나는 나에게 '이제 더 이상의 나는 없다.'고 말할 수 있었다.

그는 생각을 바꾸고 목표를 설정하여 시각화한 후 계속 생각하라고 말한다. 그리고 자신에 대한 믿음, 실행, 덕이 있는 인연, 배려 깊은 삶과 보답을 바라지 않는 선행이 인생의 중요한 가치가 되어야 함을 강조한다. 그의 글을 읽을수록, 자신이 원하는 그 모든 것을 이루기 위해 어떤 사람이 되어야 할까를 생각한 사람이라고 느껴졌다.

그를 통해 '나도 어떤 사람이 되어야 할까'를 깊이 생각하게 되었다. 나에게 있어서 가장 가치 있는 삶을 고민하며 나의 목표들을 하나씩 적어간다. 한 번쯤 이런 고민을 한 적이 있는가? 없다면 구체적으로 어떤 사람이 되어야 할까를 생각해보자. 그리고 고유한 당신만이 가질 수 있는 가치 있는 삶의 목표를 세워보자.

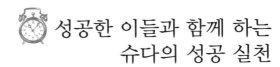

성공한 이들과 함께 하는 슈다의 성공 실천

『당신이 옳다』를 재구성한 슈다의 미러링 공감대화

기본원리

- 존재를 인정받을 때, 가장 안정된 감정 상태가 되고 자신을 똑바로 바라볼 수 있다.
- '당신이 옳다.', '지금의 네 감정은 옳다.'라고 말해줄 때, 존재를 인정받았다고 생각한다.
- 충고 · 조언 · 평가 · 판단 형태의 말은 해서는 안 된다.
- 어떤 경우에도 화를 내지 않는다.
- 그렇게 행동한 이유가 무엇인지 상대에게 질문한다.
- 상대가 자신의 행동을 회상하며, 자신을 거울 보듯 바라보도록 계속 질문한다.
- 과거의 상처보다 현재의 감정에 집중한다.
- 상대에게 집중하며, 상대가 왜 그렇게 했는지 질문을 통해 이해한다.
- 상대가 이해되었기 때문에 공감할 수 있다.
- 상대방의 감정은 인정해주되, 잘못된 행동에 대해서는 무엇을 잘못했는지를 명확히 말해준다.

- 상대에게 내 존재가 상처받았거나, 심리적 · 환경적으로 안정된 감정 상태가 아닐 때는 대화를 해서는 안 된다.
- 내 존재의 치유가 가장 먼저다. 내 존재가 치유되지 않은 상태에서는 진정한 공감이 이루어질 수 없다.
- 모든 사람과 다 공감할 수는 없음을 인정하는 마음을 가져야 한다.

실제 대화법

- "지금 마음은 어떠니?"

  ─ 스스로 자신의 마음이 어떠한지 들여다보게 한다.
- "화가 나는구나.", "네가 그렇게 생각할 때는 그럴 만한 이유가 있겠지.", "이야기 들어보니 내가 너였어도 화가 났을 것 같다."

  ─ 확실하게 너의 감정은 항상 옳다는 의미로 감정을 인정해준다.
- "내가 잘 몰라서 그러는데 이유가 뭐니?"

  ─ 질문을 통해서 상대방이 자신의 상황과 마음을 거울 보듯 또렷이 바라볼 수 있도록 비추어준다.
- "네 감정은 충분히 공감된다. 하지만 너의 이런 행동은 규율(규정, 법규)에 어긋나는 행동이다."

  ─ 감정은 인정하되, 잘못된 행동에 대해서 명확히 인지시켜준다.
- 과정 속에서 충고 · 조언 · 평가 · 판단의 말은 해서는 안 되며, 어떤 경우에도 화를 내지 않는다.

그동안 나는 소통에 어려움을 겪었고 문제가 해결되지 않는 상황의 반복으로 자존감이 계속 낮아져 있었다. 이 책을 읽고 '미러링 공감대화' 규칙을 잘 준수하고, 항상 상대와 공감할 수 없음을 인정하며 대화하기 시작했다. 그러자 나와 함께 한 그들이 마법처럼 자신의 문제점을 스스로 인정하며 자신을 바라보았고, 긍정적인 모습으로 변화되었다. 나 역시도 내 삶에서 불편한 감정들이 사라지고 마음의 안정을 찾을 수 있었다.

그녀가 말했던 것처럼 육체적으로나 정신적으로 피곤하거나 시간이 부족할 때, 상대방한테 이미 나의 존재가 상처받았을 때는 공감은 실패로 끝났다. 그리고 상대방의 행동을 이해할 수 없는 마음 상태에서는 공감이 잘 되지 않았다.

아직은 미숙하지만, 오늘 이 순간 사람들과 더 공감하려고 애쓴다. 행복한 인간관계 유지가 어렵거나 그것을 원한다면, '미러링 공감대화'를 꼭 실천해보기 바란다. 당신의 일상에 마음의 편안함을 갖는 기회를 제공해줄 것이다.

『사랑하는 아이에게 화를 내지 않으려면』을 재구성한 슈다의 내면아이 치유

- '미움과 사랑은 공존할 수 없다.'는 것을 인지하자.
- 내 안의 분노를 다 없애고, 미움의 감정이 사라질 때까지 분노를 표출해야 함을 기억하자.

- 내적 불행의 상처를 찾아라.
  - 사람들(일반 사람들, 직장 동료, 가족, 특히 자녀)과의 관계 속에서 '화'의 감정이 언제 드러나는지 기록해보자.
  - 부모나 누군가에게 폭행, 폭언, 버려짐, 무관심, 남아선호, 울지 못하고 분노하지 못한 감정, 배려 깊은 사랑을 받지 못했던 기억들이 있는지 찾아 기록해보자.
  - 분노에 대한 방어기제인 자신의 삶의 가치와 기준이 무엇인지 기록해보자.
- 강한 상상을 통해 내면에 상처받은 대상과 원인을 떠올리며 대면하자.
- 구체적인 대면 방법
  - 자신만의 가장 안전한 공간(산, 차량, 집, 집단)에서, 대상에게 분노가 사라질 때까지 상처를 준 사람을 상징화해라.
  - 백업 같은 스티로폼 막대를 들고 나무나 베개를 두드리고 욕하며, 자신이 할 수 있는 것들을 이용해서 모든 분노를 표출하라.
  - 그동안 방어기제로 갇혀 있었던, 상처받은 대상으로부터 받은 것들을 똑같이 행동하는 자신의 모습에 놀라지 말고 더 강하게 쏟아내라.
  - 강한 상상으로 상처받은 대상을 완전히 없애라.
  - 강한 상상으로 상처받은 내면아이를 사랑으로 안아주고, 어둠 속에 갇힌 그 공간을 부수고 나와라.

- 강한 상상으로 상처받은 내면아이를 진심을 담아 애도하고, 밝은 하늘나라로 떠나보내라.
■ 상처를 준 사람에게 보내지 않을 편지를 쓰거나, 안전한 공동체에 참여하는 것도 치유의 방법이다.
■ 무의식 속 막연한 고통을 구체적으로 끌어내거나 치유하는 치유언어를 찾아라.
- 다 너 때문이야, 왜 버렸어?, 무서워, 왜 죽이려 했어?, 왜 날 부끄러워했어?
- 미안하다, 그렇게 고통스러웠는지 몰랐다, 너를 버리지 않을게, 이제 편안하게 쉬렴, 너를 지켜주고 보호해줄게, 이 세상에 온 것을 환영한다, 네 잘못이 아니야, 넌 장엄하고 고귀한 존재야, 사랑한다.
■ 두려움, 수치심, 죄책감, 무기력, 슬픔, 욕망, 분노, 자부심과 수용, 평온함, 용서, 사랑의 과정이 불규칙적으로 일어나고, 고통의 시간이 반복됨을 받아들여라.
■ 기억이 없어도 몸이 기억하기에, 감각을 통한 대면 과정을 통해 상처가 치유됨을 기억하자.
■ 과거의 상처 때문에 현재 내가 상처준 이들에게 미안하다고 솔직하게 말하자.

내면아이 분노와의 대면은 정말 힘들다. 그들을 다 보냈다고 생각하며 사랑의 힘이 솟구치다가도 '아직 멀었구나.'를 몇 번이나 느꼈는지 모른다. 그렇게 고통의 시간이 지나면, 상처를 준 사람과 상처받은 내면아이에게 모두 연민의 마음이 생기기 시작한다. 미움은 사라지고 그 자리에 사랑이 옴을 느낀다. 여러분에게 상처받은 내면아이가 있다면 꼭 치유의 성장 과정을 갖기를 바란다.

『알면서도 알지 못하는 것들』을 재구성한 슈다의 인생 목표 수립

- 생각을 바꾸는 일이 가장 먼저이다.
- 결심하고 목표를 설정하라.
- 목표를 시각화하고 계속 보며 생각하라.
- 온 힘을 다해 집중해서 깊이 있는 생각을 하라.
- 즉시 실행하고 이를 습관화하라.
- 같은 실수를 두 번 하지 않는 한 실패는 성공으로 가는 길이다.
- 행복의 비결은 세상이 공평하지 않음을 깨닫고 더욱 열심히 사는 것이다.
- 나를 잘 아는 사람은 바로 나다. 나를 믿어라.
- 바르게 살아라.
- 나는 인연의 결과물이다. 의롭고 믿음과 덕이 있는 사람으로 내 주변을 채워라.

- 강력한 사회적 성공의 도구는 품위를 갖추고 친절하며 배려하고 호의를 베푸는 것이다.
- 이 세상의 가장 높은 곳에서 세상 전체를 한눈에 넣어라.
- 보답을 바라지 않는 선행은 '진정한 삶'이라는 최고의 선물로 되돌아옴을 기억하라.

슈다의 인생 목표 작성법

- 과거의 내 생각을 버리고 생각을 바꿔라.
- 가치 있고 바른 삶에 대한 신념(가치)을 목표로 하라.
- 내가 어떤 사람이 되고 싶은가를 깊이 생각하라.
- 나만이 '나누어줄 수 있는 것'을 생각하고 꿈과 연계시켜라.
- 내가 원하는 사람과의 관계도 목표에 포함시켜라.
- 장기 목표와 단기 목표 모두 구체적으로 적어라.
- 목표는 완료형이면서 의문형으로 적어라.
- 목표를 적으면서 웃으며 말하며 적어라.
  - 월 매출 10억 했어?, 월 500만 원 저축했어?
- 구체적 목표로 바로 시작할 수 있는 경험(행동)들을 만들어라.
- 자신에게 방해되는 걸림돌을 제거하라.
- 시각과 청각 등 감각을 동원해서 목표를 현실인 것처럼 상상하라.
- 남이 아닌 내가 할 수 있는 것들로 적어라.
- 목표가 달성될 쯤 새로운 목표를 정하라.

인생이라는 바다에서 파도를 만나지 않을 수는 없다. 하지만 사랑하는 마음으로 가치 있는 삶을 추구하며, 구체적인 목표를 가지고, 끊임없이 생각하고 행동한다면, 인생이 상처로 가득하다고 해도 당당하게 미소 지을 수 있다. 그런 자신감이 생길 때까지 그냥 계속 걸어가기만 하면 되는 것이다.

마음의 안정을 강조했지만, 건강한 몸을 유지하는 것 또한 매우 중요함을 기억하자. 이제 마음의 안정을 찾고 건강한 몸을 만들며 나만의 목표를 세워보자. 신념(가치), 경험(행동), 관계를 포함시켜, 구체적으로 나만의 장ㆍ단기 목표, 연도별 인생 목표를 세워보자. '썼는데 못 이루면 어떡하지?' 그런 두려움을 버려라. 목표는 인생의 태양이 되어 안개를 몰아내고 이정표를 만들어 줄 것이다. 그리고 어느 순간, 내가 정말 꿈꾸던 그곳에서 꿈을 이루고 있는 자신과 마주할 것이다.

02

 빛나는 인생 목표 만들기

장기 목표

1	
2	
3	
4	
5	
6	
7	
8	
9	
10	
11	
12	
13	
14	
15	

■ 신념(가치), 경험(행동), 관계를 포함시켜 구체적으로 적어라.
■ '완료형이면서 의문형으로 웃으며 말하며' 적어라.
　–나는 사랑이 가득하고 지혜로운 사람이 됐어?
　–나는 아들과 친한 친구가 됐어?
　–나는 47세에 500억 자산가가 됐어?
　–나는 100만 구독자를 가진 유튜버가 됐어?

장기 목표

16	
17	
18	
19	
20	
21	
22	
23	
24	
25	
26	
27	
28	
29	
30	

02

 빛나는 인생 목표 만들기

🕐 단기 목표 [20   년]

1	
2	
3	
4	
5	
6	
7	
8	
9	
10	
11	
12	
13	
14	
15	

- ■ 신념(가치), 경험(행동), 관계를 포함시켜 한 해 동안의 목표를 구체적으로 적어라.
- ■ '완료형이면서 의문형으로 웃으며 말하며' 적어라.
  - ─일 매출 1,000만 원을 달성했어?
  - ─월 300만 원 임대료를 받았어?
  - ─서울에 있는 20억 건물을 매입했어?
  - ─책을 출판했어?
  - ─나를 사랑하는 사람이 많이 생겼어?

⏰ 단기 목표 [20   년]

16	
17	
18	
19	
20	
21	
22	
23	
24	
25	
26	
27	
28	
29	
30	

빛나는 인생 목표 만들기

 연도별 목표

연도					

■ 연도와 항목을 자유롭게 만들고 핵심 목표 키워드를 적어보자.

연도	나	근속	자녀	학년	할 일
20	44	17	7	유	책 출간, 100부 기부, 유튜브 10만
21	45	18	8	초 1	직장이동, 마인드 교육, 유튜브 20만, 책 출간
22	46	19	9	초 2	마인드 교육, 마인드 재능 기부활동, 유튜브 30만, 강연, 책 출간
...	...	...	...	...	

연도별 목표

연도					

Shuda's Second Law

Thoughts, Perception of reality

- Self-reliance of competitiveness
- Truth of discomfort
- The paradox of emptiness

chapter **2**

—

가계부 작성하기

슈다의 제 **2** 법칙

생각, 현실의 자각

• 경쟁력의 자립

• 불편함의 진실

• 비움의 역설

날개가 아무리 웅장하고 화려해도
땅을 박차야 하는 두 다리가 없으면 날지 못한다.
현실의 자신을 냉정하게 바라보고
단순명료하게 내 자신의 자산을 정리하여야
비로소 꿈이 현실로 다가올 수 있다.

슈다의 가계부 작성

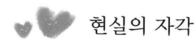 **현실의 자각**

부의 추월차선을 향한 경쟁력의 자립

하루 중 가계부 영수증을 붙이고 정리하는 데 많은 시간을 들이는가? 아니면 귀찮아서 쓰지 않는가? 가계부 작성은 매우 중요하다. 쓸데없는 지출만 막아도 돈이 모인다는 사실은 자명하다. 일단 간단명료한 슈다북의 가계부를 써보는 것부터 시작해보자.

그러나 꼭 필요한 것이 있다. 아직 우리에게 땅을 박차야 하는 두 다리가 없음을 지각하는 것이다. 이렇게 말하면 '종잣돈을 모아야 하나?'라고 생각할지도 모르겠다. 아니다. 바로 내가 세상에 내 놓을 '그 무엇'을 위해 투자하라는 것이다.

늦게 시작한 만큼 빨리 성공하고 싶은 마음이 생겼다. 이 세상에 내 놓을 '그 무엇'에 대한 고민으로 머리가 복잡했다. 그러다 엠제이 드마코의 『부의 추월차선』을 만났고, 그는 내가 달려가는 이 길을 더욱 명확하게 제시해주었다. 이제 나는 부의 추월차선을 타기 위해 꼭 필요한 '그 무엇'의 준비와 실천의 계획을 세우며 경쟁력의 자립을 실현한다.

발상의 전환으로 느껴지는 **불편함의 진실**

『부의 추월차선』의 저자는 고객의 니즈, 불편함을 해결하면서 성공의 씨앗을 뿌렸다. 나는 그와 달리 얼마 전까지만 해도 이 '불편함'을 불편하다고 생각만 하고 있을 뿐이었다. 그러나 나의 '불편함'을 해결하는 데 초점을 맞추기 시작했고, 지금은 이 불편함의 개선으로 사람들에게 도움을 줄 수 있는 것이 무엇인지 초점을 맞추고 있다. 하지만 나에게 이 불편함은 오늘 내일의 것이 아니었다. 그런데 왜 그 불편함 속에 그렇게 오래 살고 있었을까? 이것만 빨리 깨고 나올 수 있었다면, 성공의 길이 더 빠르지 않을까라는 생각이 들었다. 그 답은 피터 홀린스의 『어웨이크』에 있었다. 인생의 터닝 포인트는 내 안전지대에서 벗어나는 단순한 시도와 새로운 경험만이 만들 수 있다. 그리고 그것은 의외로 불편함에서 시작된다는 사실이다. 그렇다. 불편함으로 인한 발상의 전환은 내 인생을 바꿔줄 절호의 기회임이 분명하다. 나는 여러분들이 불편함에 적응하지 말고 보다 적극적으로 해결하기를 바란다.

부자로 이끄는 **비움의 역설**

어느 날, 냉장고의 전원이 나가는 '행운'이 내게 찾아 왔다. 5시간 동안 냉장고 청소를 하며 끝없이 버렸다. 옷장도 신용카드도 마찬가지였다. 돈을 쓰레기처럼 버리고 있었던 것이다.

이제 의무적으로 갔던 마트는 식재료가 다 떨어지면 간다. 신용카드는 1장만 소유하고 고정 지출을 위한 자동이체 용도로만 사용한다. 주급 생활비 체크카드를 사용하고, 지출을 가계부에 기록하며 소비를 통제한다. 나의 자산을 정리하고 저축을 늘리기 위한 계획을 세워 저축을 한다. 예전보다는 훨씬 지출을 통제하며 산다. 그런데 늘 예상했던 목표 저축액에 도달하지 못하고 지출할 일이 생긴다. 아주 가끔은 신용카드로 3개월 무이자 할부를 이용한다. 월급을 받으면 자동으로 빠져나가 버리는 돈들 때문에 기분이 좋지 않다.

돈에 끌려가고 있다는 이 느낌, '왜 통제가 잘 안 되지?'라고 생각하며 고민하기 시작했다. 그런데 기존에 내가 가져왔던 잘못된 돈에 대한 상식과 현실은, 데이브 램지의 『7가지 부의 불변의 법칙』을 만나면서 변화하기 시작했다.

"진짜 부자는 현금만 쓴다."라는 말은 많이 들어봤을 것이다. 당신은 '휴대폰 할부금도 빚이다.'라고 생각해 본 적이 있는가? 자동차 할부금도 마찬가지다. 빚이 아니라 우리에겐 당연한 필수품을 갖기 위한 코스 정도? 그는 말한다. 아니 부자들은 말한다. 단연코 빚이라고. 그는 재산을 모으는 가장 좋은 길은 "빚을 완전히 없애고 계속 빚 없는 상태를 유지하는 것"임을 기본 법칙으로 제시한다. 부자가 되기 위한 특별한 방법은 아니지만, 특별함을 만드는 비결은 빚을 비우는 행동의 변화에서 시작된다. 이제 나와 함께 빚은 비우고 돈은 채우며, 다양한 비움의 역설을 실천해 나가기를 제안한다.

슈다북과 함께 하는 성공 필독서

엠제이 드마코의 『부의 추월차선(토트)』

'부+젊음'을 수학공식처럼 제시

　　엠제이 드마코는 우리 삶을 인도, 서행차선, 추월차선이라는 세 개의 노선으로 설명한다. 먼저 인도는 가난한 삶, '부=소득+빚'이라는 라이프 스타일을 가진다. 돈 관리를 타인에게 의존하기에 시간과 돈이 항상 부족한 삶을 산다. 서행차선은 평범한 삶, '부=직업(수입원)+투자(부의 증식방법)'이며 '천천히 부자 되기'의 라이프 스타일을 가진다. 5:2법칙(5일 인생을 팔아 2일의 자유 사기)이라는 틀 속에서 내 인생(시간=자유)을 돈과 맞바꾼 삶을 산다. 마지막으로 추월차선은 젊은 부자의 삶, '부=순이익+자산가치'이며 '빠르게 부자 되기'의 라이프 스타일을 가진다. 0:7법칙(하루도 일하지 않고 7일의 자유 누리기)을 목표로 시간이 돈을 벌어주는 시스템을 갖기에, 내 인생(시간=자유)을 내가 통제하는 삶을 산다.

　　그는 추월차선의 성공을 위해, 단시간에 기하급수적인 부를 축적하여 젊어서 부자 되는 공식이 있다고 한다. 바로 통제 가능한 무제한적 영향력을 대표하는 사업 시스템을 창조하는 것이다. 여기서 통제력(시간과 돈)이란 자신의 시간과 재정적 계획 실행을 완전히 자신의 통제 속에 운영할 수 있어야 한다는 원리다. 그러기 위해 자신을 온전히 소유하고, 자신에게 먼저 투자하는 것이 가장 중요하다. 즉 서행차선이 부자가 될 수 없는 이유는 제한된 통제력과 제한된 영향력을 가지기 때문이다. 그래서 그는 "그 망할 직업을 버려라."라고 말한다. 영향력(사업의 힘)이란, 수백만 달러를 벌려면 수백 명에게 영향을 줘야 한다는 원리다. 영향력을 발휘하려면 돈을 좇지 말고 이타심을 가지고 그들의 '필요'에 집중하며 가치를 제공하는 것, 소비자가 아니라 생산자가 되어 창업의 길로 '진입'하는 것, 자신만의 브랜드 사업을 만들고 자신이 모든 면을 '통제'할 수 있는 것, 중요도가 높으면서 '규모'의 확장이 가능한 것, 내 '시간'을 쏟아붓지 않아도 되는 것에 투자하는 것이다. 시스템(돈 나무)이란, 내 시간과 관계없이 시간이 돈을 벌어주는 돈 나무를 만드는 원리이다. 더불어 기초적인 재무 및 경제 지식을 쌓아나가야 한다. 창조(실행력)란 무에서 유를 만드는 것이 아니다. 세상이 보내는 신호에 주의를 기울이며, 남보다 더 나은 아이디어를 가지고, 만질 수 있고 존재하는 것을 만드는 것이 창조의 원리다.

그의 돈에 대한 원리와 인생 이야기는 요즘 내가 생각하고 추구하는 '부는 자유다. 시간은 돈이다. 내 시간과 관계없이 돈이 들어오는 시스템을 구축해야 한다.'와 같기에 매우 공감하며 글을 읽었다. 하지만 가장 강력하게 느껴졌던 메시지는 "백만장자는 사건이 아니라 과정에 의해 만들어진다."였다. 그의 인생 이야기 속에서 0:7법칙의 인생을 살기 전에 7:0법칙의 인생을 산 시간이 있었다는 사실이다.

결국 '과정=7:0법칙의 시간'임을, 지금 이 순간 내가 해야 할 일임을 깨달았다.

그리고 믿음과 신념이 행동을 바꾼다는 것, 배움과 열정은 선택이 아니라 필수임을, 세상이 필요로 하는 경쟁력을 갖춘 그 무엇을 만들어야 한다는 것, 그것은 바로 누군가의 불편함이라는 것 그리고 이 순간부터 행동해야 한다는 것을 다시 깨닫는다. 여러분도 이 책을 깊이 읽으며 자신의 경쟁력이 무엇이면 좋을지, 어떤 길을 가면 좋을지에 대해 생각해보면 어떨까 싶다.

피터 홀린스의 『어웨이크(포레스트북스)』

익숙함을 버리고 불편함을 선택하라

이 책 속에 있던 한 이야기가 가슴에 와 닿는다. 아마존의 창업자 제프 베조스는 고액 연봉을 주는 헤지펀드사를 그만두기 전, 자신에게 질문했다. "새로운 일에 뛰어들어도 괜찮을까?, 내가 여든 살이라면 살아오는 동안 어떤 일을 하지 않은 것을 후회할까?" 그리고 그는 당장 회사를 그만두고, 자신의 집 차고에서 아마존이라는 사이트를 만들었다.

쉽지 않은 일임을 안다. 그런데 그는 했고 나는 못했다. 나도 이렇게 해보고 싶은데 못하는 이유가 뭘까? 이 두려움은 뭘까? 피터 홀린스는 이 문제를 안전지대의 개념으로 접근한다. 심리학을 기반으로 그 원인을 분석하고 해결 방법을 제시한다. 먼저 대부분의 사람들은 일상적이고 위험이 적은 안전지대에 있으면 안정감과 편안함을 느낀다. 이 상황에서 새로운 것을 시도하기보다 안전지대에 머무르려고 한다. 문제는 인생에서 빛나는 모든 순간은 안전지대 밖에 자리한다는 것이다.

그는 안전지대 밖은 그리 험난한 곳이 아니라는 점을 강조한다. 바로 우리는 안전지대에서 몇 걸음만 밖으로 나가면 된다. 바로 '적정불안(optimal anxiety)'의 지점이다. 이 지점은 긴장이 생겼지만 감당할 수 있는 정도의 중간지대, 실행력이 높아질 정도로만 스트레스를 받고, 생산성이 떨어질 만큼 고통스럽지 않기에 최대의 성과를 낼 수 있는 곳이다.

두려움을 없애고 안전지대 밖, 적정불안의 지점으로 나아가는 방법은 무엇일까? 이것 역시 단순한 시도에서 시작된다고 말한다. "스스로 의도적으로 자신을 매혹시키는 그 무엇을 찾는 것, 남들은 나에게 별 관심이 없다는 것을 인지하는 것, 불편함을 견디지 말라는 것, 완벽할 때까지 기다리지 말라는 것, 두려움이 없는 또 다른 내 자아는 어떻게 했을지에 자문하라는 것, 행동하면 자신감과 용기가 커진다는 것, 분명 내가 잘하는 것이 있다는 것, 자신의 결정패턴을 파악하고 경험을 확대하라는 것"이다.

나는 스스로 의도적으로 자신을 매혹시키는 것과 불편함을 견디지 말라는 것에 매우 공감되었다. 불편함의 해결은 자신을 매혹시키는 일처럼, 동기를 지속시키는 힘을 가지고 있기 때문이다. 내 인생에서 어려웠다고 생각했던 문제들이 하나씩 해결되는 것을 느끼는 순간들은 그 과정 자체만으로도 놀랍고 스스로 자랑스러울 것이며, 자신의 행동력을 키워줄 것이다.

그의 말처럼 완벽하지 않아도 좋다. 의도적으로 흥미가 있는 것, 자신의 인생에서 불편함이나 걸림돌인 것들이 변화의 기회라고 생각해보면 어떨까? 이제 두려움을 버리고 당신도 용기 있는 사람이라는 사실을 기억하며, 안전지대 밖으로 한 발 내딛어 보길 바란다.

데이브 램지의 『7가지 부의 불변의 법칙(다산북스)』

가장 현실적으로 부를 축적하는 돈 관리법

이 책 첫 장의 화두는 "왜 이렇게 살고 있는 걸까?"였다. 나는 이 문장을 마주하며 한참을 생각했다. '지금처럼은 아니다, 바꿔야겠다.'라는 생각이 들었다. 당신은 어떠한가? 데이브 램지는 "거울 속 빈털터리인 현실을 부정하고 돈에 대한 잘못된 믿음을 가진 당신, 타인의 시선을 의식하며 살고 있는 바로 당신이, 돈의 문제를 일으키는 주체임을 깨닫고 그런 당신을 뜯어고칠 용기를 가지는 것이 가장 중요하다."고 말한다.

'7가지 부의 불변의 법칙'의 전제는 "빚은 돈을 벌게 해주는 수단이 아니다. 남들이 돈을 쓸 때 모아야 남들과 다른 삶을 살 수 있다. 당신을 움직이게 하는 것은 남의 목소리가 아니라 나 자신의 목표이어야 한다. 돈이 삶의 모든 것을 해결해 주지 않는다. 집중력을 가지고 실천해야 한다. 7가지 부의 법칙을 순서대로 행하고, 전 단계로 가야 한다면 다시 돌아가 순서대로 다시 실행한다. 빚 다 갚은 다음에 저축한다."이다.

그는 진정한 부자가 되고 싶다면 진짜 부자들이 했던 돈 관리 방식으로 돈을 관리하라고 말한다. 바로 "빚을 완전히 없애고 계속 빚 없는 상태를 유지하는 것"이다.

그의 7가지 부의 법칙은 "최소한의 무기 비상자금 100만 원 만들기, 가장 강력한 적 눈덩이 빚 갚기, 몇 개월도 끄떡없을 여유자금 완성하기, 품격 있는 삶을 위한 노후자금 마련하기, 당당한 부모를 만드는 학자금 마련하기, 주택담보대출 상환하기 및 즐기고 투자하며 부자가 되는 축복 누리기"이다. 이를 통해 빚 청산법과 돈 모으는 시스템으로 노후를 설계하는 방법까지 현실적인 돈 관리법을 알려주고 있다.

나는 이 법칙들을 통해 빚이 휴대폰 할부금부터 모든 할부금, 신용카드 대금이라는 사실을 처음 깨달았다. 내가 얼마나 생각 없이 빚을 만들며 생활했는지 반성하는 기회가 되었다. 그는 빚을 져서 하는 투자는 결코 안전할 수 없다는 것과 장기적으로 보면 빚 없이 투자하는 사람이 결국 이긴다는 것을 강조한다. 절박함과 집중력을 가지고 각 법칙을 실천하라는 그의 말을 되새기며, 대출을 이용해 자산을 늘릴 방법을 구상 중이던 내가 대출 없이 자산을 늘릴 방법을 새롭게 구상하게 되었다.

　그는 대학 학위보다 지식, 인내심, 성실함, 성품이 성공에 훨씬 더 많은 영향을 미침을 강조한다. 엘리트 교육이나 사교육을 반대하지는 않지만, 대학이라는 학위로 인해 빚더미에 오르는 것은 옳지 않다고 말한다. 그리고 부모와 자녀 모두 협력하여 학자금 문제를 해결하기를 권한다. 이는 자녀 교육에 대한 나의 가치관을 새롭게 정립하는 기회가 되었다. 앞으로 학자금 마련 계획을 세움과 동시에, 내 아이에게 돈 관리에 대한 건전한 교육적 마인드를 심어줄 수 있는 방법을 고민하게 해주었다. 마지막으로 진정한 행복은 베푸는 것에 있음을 다시 강조한다. 나의 가치관과 너무 같기에 다시 한번 내 삶의 방향을 바라보며, 그의 말처럼 불경기에도 끄떡없는 『아기 돼지 삼 형제』의 벽돌 집을 짓기 위해 7법칙의 길을 따라 걸어본다.

　여러분은 어떠한가? 신용카드가 빚임을 인식하지도 못한 채, 매달 3개월 무이자 쇼핑을 하고 있지는 않은가? 친구나 가족의 시선을 의식하고, 좋은 차와 집을 갖기 위해 할부금과 대출금이라는 빚더미에 매달 허덕이고 있지는 않은가? 지금, 빚이 당신을 통제하고 있는 실체를 바라볼 기회가 찾아왔다. 이제 빚에 대한 잘못된 인식을 깨고, 진정한 부자들이 해왔던 돈 관리법을 실천하면서, 돈과 싸워 이길 수 있는 힘과 지혜를 배워보길 바란다. 그리고 '빚을 완전히 없애고 계속 빚 없는 상태를 유지'하는 진정한 부자의 길을 함께 걸어보자.

성공한 이들과 함께 하는 슈다의 성공 실천

『부의 추월차선』을 재구성한 슈다의 돈 나무 만들기

- 부와 젊음을 동시에 가지는 삶을 믿고 신념화해야 한다.
- 인생(시간=돈)의 주인은 내가 되어야 함을 인식해야 한다.
- 내가 통제력과 영향력을 가지고 있는 사업 시스템을 창조해야 한다.
    - 통제력(시간과 돈)
        : 자신의 시간과 재정적 계획을 자신의 통제 하에 운영
    - 영향력(사업의 힘)
        : 돈을 좇지 말고 이타심을 갖고 타인의 필요에 집중
    - 시스템(돈 나무)
        : 내 시간과 상관없이 시간이 돈을 벌어주는 것에 투자
    - 실행력(창조)
        : 남보다 더 나은 아이디어를 만들어 내는 것에 집중
- 0 : 7법칙 전에 7 : 0법칙의 시간이 있어야 함을 기억한다.
    - 배움과 열정은 필수
    - 세상이 필요로 하는 경쟁력을 갖출 그 무엇을 만드는 데 시간을 투자할 것
    - 지금 바로 행동할 것

『어웨이크』를 재구성한 슈다의 한 발 나아가기

- 인생의 빛나는 순간은 안전지대 밖에 있음을 지각하라.
- 익숙함을 버리고 의도적으로 흥미가 있거나 불편함에 주목하라.
- 당신이 잘 하는 것이 있음을 기억하고 그 특기를 살려라.
- 사람들은 당신에게 별 관심이 없음을 기억하라.
- 행동하면 경험이 늘고 자신감과 용기가 커짐을 기억하라.
- 실패 없는 성공은 없음을 기억하라. 실패의 원인이 성공의 지름길일 뿐이다.
- 여든 살이 된 자신의 모습을 상상하고 자문하라.
  - '아무것도 하지 않으면 지금 나의 모습은 어떨까?'
  - '지금껏 살아오면서 어떤 일을 하지 않은 것을 후회하는가?'
- 완벽할 때까지 기다리지 마라.
- 이제 박차고 안전지대를 나와라. 지금이 바로 행동할 때이다.

『7가지 부의 불변의 법칙』을 재구성한 슈다의 빚 없는 부자 되기

> • 빚을 완전히 없애라.
> • 계속 빚 없는 상태를 유지하라.
> • 신용카드가 빚의 출처임을 기억하라.
> • 현금으로 살 수 없는 상황이면 살 능력이 안 되는 것임을 기억하라.
> • 남들이 돈을 쓸 때 모아야 남들과 다른 삶을 살 수 있음을 기억하라.
> • 남의 시선을 의식할수록 가난의 고통을 늘려줄 뿐임을 기억하라.

- 비상자금 100만 원 만들기
  - 적은 빚 청산하기(신용카드 없애기, 할부금과 카드대금 없애기)
  - 물건을 내다파는 절박함으로 100만 원 단시간에 모으기
- 가장 강력한 적, 눈덩이 빚 갚기(집을 제외한 빚이 없는 상태)
  - 기본 의식주 비용을 제외한 적은 빚부터 청산하기
  - 규모가 큰 빚은 최소상환금으로 갚아 나가기
  - 20개월 내에 집을 제외한 빚 모두 청산하기
  - 20개월 내에 청산이 안 되는 빚은 그 물건을 팔아 정리하기
- 몇 개월도 끄떡없을 여유자금 마련하기
  - 위급 상황에 사용할 최소 3~6개월 생활비 확보하기
  - 중도 수수료가 없는 수시입출금식 예금으로 현금 유동성 확보하기
  - 용도를 정확히 인식하고 절대 쓰지 않기

- 품격 있는 삶을 위한 노후자금 마련하기

  - 세전 수입의 25% 장기 투자하기

  - 투자 분야를 정하고 공부하기

  - 투자에 확신이 있을 때 투자하기

- 당당한 부모를 만드는 학자금 마련하기

  - 수익률이 높은 투자 상품 선택하거나 비과세 교육보험 활용하기

  - 대학 교육과 사교육에 대한 올바른 가치관 세우기

  - 부모와 자녀가 함께 고민하고 실천하기

  - 자녀에게 올바른 돈 관리법을 익히는 기회 제공하기

- 주택담보대출 상환하기

  - 최저 상환 시스템 사용하기

  - 빚 없이 투자한 사람이 결국 이기게 됨을 기억하기

- 즐기고 투자하며 부자가 되는 축복 누리기

  - 즐거움: 이제 당신이 원하는 것을 선물하기

  - 투자: 단순 투자, 자기 통제 하에 자산 관리하기

  - 베풀기: 부의 집착에서 벗어나 선행이 진정한 행복임을 깨닫기

슈다의 가계부 작성법

가계부 작성

- 1년에 1번은 수입과 지출, 자산 현황을 파악하고 기록하라.
- 빚과 저축은 '슈다의 빚 없는 부자 법칙'을 활용하라.
- 1년에 1번은 빚에 대한 상환 계획을 세워라.
  - 적은 금액(휴대폰 및 가전 할부금, 카드대금 등)부터 상환하라.
  - 큰 금액은 부분 상환 계획을 세워라.
  - 주택자금대출은 가능한 월상환금 기준, 최저 상환 기간을 선택하라.
- 1년에 1번은 저축과 투자에 대한 계획을 세워라.
  - 주택을 제외한 빚을 다 정리한 다음에 저축하라.
  - 투자를 위해 공부하라.
- 지나치게 소비가 많은 지출 항목을 줄이는 계획을 세워라.
- 지출 영수증 정리는 NO! 지퍼 팩에 월별로 모아라.
- 가계부는 소비한 내역만 간단히 기록하여 자신의 소비를 체크하라.
  - 슈다북의 '월 지출 현황' 페이지가 모자라면 과잉 지출이다. 지출을 통제하라.
- 일일 가계부 정리 시간은 5분 이내로 하라. 시간이 돈임을 기억하라.

바른 소비 원칙

- 신용카드를 없애라.
- 돈 관리는 현금 봉투 시스템을 사용하라.
  - 체크카드를 사용할 경우, 용도별로 구분하여 사용하라.
  - 식비, 주유비, 의료비(약제비), 도서구입비 등 변동 지출은 봉투(통장) 분리 운영
  - 식비는 일별 또는 주별로 나누어 봉투(통장) 보관 운영
  - 교육비, 아파트관리비, 모바일 요금, 정수기임대료, 보험료 등 고정 지출은 1개 통장으로 운영

- '뱅크샐러드' 앱을 깔아라.
  - '통계' 탭으로 전체적인 수입과 지출 분석 자료를 활용하고 소비를 통제하라.
  - '달력' 탭으로 일일 및 주간 소비를 통제하라.
- 급여를 받은 후 고정 지출 항목은 바로 지출하라.
- 옷장과 냉장고에 안 입는 옷과 안 먹는 음식을 버려라.
- 냉장고의 음식이 다 떨어지면 장을 봐라.
- 원하는 것을 사는 것이 아니라 필요한 것을 사라.
- 현금으로 살 수 없다면 살 능력이 안 되는 것이니 사지 마라.
- 미래를 위한 독서와 자기계발에 투자하라.

잘못된 돈에 대한 인식을 깨고 빚 없는 인생을 맞을 준비가 되었는가? 지금 이 순간 나와 세상의 불편함에 주목하며, 경쟁력의 자립을 키울 돈 나무를 만들기 위해 7:0법칙의 시간과 돈을 투자할 준비를 해보자. 그리고 내 인생은 내가 통제해야 함을 실천하기 위한 가장 기본, 내 자산의 현실 바라보기부터 한 걸음 내딛어보자.

이제 슈다북의 가계부를 써보자. 나의 '계좌와 신용카드 보유 현황, [기본] 수입과 지출, 자산 현황, 『슈다의 빚 없는 부의 7법칙』을 활용한 빚 청산 계획 세우기와 저축 계획 세우기 및 월별 지출 현황'을 쓰자. 지금부터는 나의 수입과 지출을 스스로 통제하며, 빚 없는 부자의 길을 걸어가자.

02 빚 없는 부자 가계부 쓰기

- 식비, 고정비(교육비+통신비+관리비+보험료+렌탈료), 주유비, 의료비(약제비), 도서구입비 등 지출 항목을 지출용도 칸에 기록하자.
- 식비(주별)와 주유비는 체크카드 기능이 있는 계좌에 보관하자.
- 체크카드는 은행명에 동그라미로 표시하자.
- 현재 잔고(저축) 금액을 파악하자.

 ### 계좌 보유 현황

연번	은행명	지출용도	고정입금액	계좌번호	잔고(저축)
1					
2					
3					
4					
5					
6					
7					
8					
9					
10					
11					
12					
13					

 ### 신용카드 보유 현황

- 포인트에 현혹되지 마라. 모두 없애자!
- 신용카드가 있는 한 당신은 부자가 될 수 없다.

연번	카드명	카드번호	용도	기타
1				
2				
3				
4				
5				

✒ [기본] 연간수입과 지출, 자산 현황(작성 예시)

항목	번호	기준일	내용	금액(원)
세전수입	–	올해(예상)	총금액	
세후 고정수입 (+)	1	17日	급여	+
	2	10日	월세	+
	3	25日	기타	+
		세후 고정수입 누계		+
보너스 수입 (+)	1	1月	명절휴가비	+
	2	9月	명절휴가비	+
	3	5月	상여금	+
		보너스 수입 누계		+
고정지출 (−)	1	25日	교육비	−
	2	17日	통신비	−
	3	5日	보험료	−
	4	25日	관리비	−
	5	17日	정수기임대료	−
	6	10日	약제비	−
	7	17日	도서구입비	−
	8	17日	대출이자비	−
	9	17日	고정저축비	−
		고정지출 누계		−
월 목표		가용비(세후 고정수입−고정지출)		−
		목표 생활비		−
		저축 or 빚 상환(가용비−목표 생활비)		+
세금 (−)	1	6,12月	자동차세	−
	2	8月	자동차보험	−
	3	7,9月	재산세	−
	4	12月	종합부동산세	−
		연간세금 누계		−
자산 (+)	1	1月	주택	+
	2	1月	저축	+
		1月	증권	+
		저축 잔고 누계		+
대출 (−)	1	1月	주택자금대출	−
	2	1月	신용대출	−
		대출 누계		−

작년 세전수입을 자료로 올해 세전수입 총 예상 금액을 기록하라.

보너스 수입은 저축과 큰 목돈이 들어가는 분기별 세금 납부에 활용하라.

교육비, 통신비, 보험료, 관리비에서 불필요한 지출을 줄여라.

고정저축비는 뒤에 작성할 '저축 계획하기'와는 상관없이 기존 청약이나 저축으로 꼭 유지를 해야할 저축비를 기록하라.

• 목표 생활비를 산정할 때 너무 부족하게 책정하지 마라.
• 부의 7법칙 단계에 맞게 저축 또는 빚 상환금을 책정하라.

• 세금은 연초에 납부 계획을 세워 현금이 모자라 신용카드로 납부하는 일이 없도록 하라.
• 고정수입에서 책정하기가 어려우면 보너스 수입을 활용하라.
• 자동차보험도 세금과 함께 연간 납부 계획을 세워라.

자산은 주택(건물), 저축, 증권 등 종류별로 총액을 정리하라.

• 대출은 주택과 신용대출 등 총액을 적어라.
• 세부적인 빚은 뒤에 작성할 '빚 청산하기'에서 상세히 기록하라.

✒ [기본] 연간수입과 지출, 자산 현황

항목	번호	기준일	내용	금액(원)	기타
세전수입	–	올해 예상	총급여액	+	
세후 고정수입 (+)	1	___日		+	
	2	___日		+	
	3	___日		+	
		세후 고정수입 누계			
보너스 수입 (+)	1	___月		+	
	2	___月		+	
	3	___月		+	
		보너스 수입 누계			
고정지출 (–)	1	___日			
	2	___日			
	3	___日			
	4	___日			
	5	___日			
	6	___日			
	7	___日			
	8	___日			
		고정지출 누계			
목표		가용비(세후 고정수입-고정지출)			
		월 목표 생활비			
		월 저축액 or 상환금(가용비-목표 생활비)			
세금 (–)	1	___月			
	2	___月			
	3	___月			
		연간세금 누계			
자산 (+)	1	___月			
	2	___月			
	3	___月			
		저축 잔고 누계			
대출 (–)	1	___月			
	2	___月			
		대출 누계			

'슈다의 빚 없는 부의 7법칙'을 활용한 빚 청산 계획 세우기

1. 폰을 포함한 할부금과 카드대금 등 소액부터 모두 정리하기
2. 주택대출을 제외한 모든 빚 청산하기
3. 주택대출 빚 청산하기
※ 빚 청산된 항목은 붉은 색 펜으로 두 줄 긋기

번호	항목	총금액	빚 상환액					
			1[　月]	2[　月]	3[　月]	4[　月]	5[　月]	6[　月]
1								
2								
3								
4								
5								
6								
7								
8								

'슈다의 빚 없는 부의 7법칙'을 활용한 자신의 단계에 맞는 저축 계획 세우기

1. 비상자금 100만 원
2. 여유 비상자금 2,000만 원
3. 노후자금 세전 소득 25% 장기투자
4. 자녀 학자금

현재 나의 목표(위치) :

번호	투자(저축)명	잔고	저축액					
			1[　月]	2[　月]	3[　月]	4[　月]	5[　月]	6[　月]
1								
2								
3								
4								
5								
6								
7								
8								

1. 예를 들어 세전 소득 25%의 장기투자일 경우 이것을 다시 25%씩 4개의 분산투자로 운영
2. 예, '우량주 펀드, 성장주 펀드, 해외투자 펀드, 공격적 성장형 펀드'식의 투자 명칭 기재

"남들이 돈을 쓸 때 모아야 남들과 다른 삶을 살 수 있다."
"빚을 완전히 없애고 계속 빚 없는 상태를 유지하는 것이 부자의 길이다."

번호	항목	총금액	빚 상환액					
			7[月]	8[月]	9[月]	10[月]	11[月]	12[月]
1								
2								
3								
4								
5								
6								
7								
8								

번호	투자(저축)명	잔고	저축액					
			7[月]	8[月]	9[月]	10[月]	11[月]	12[月]
1								
2								
3								
4								
5								
6								
7								
8								

월별 지출 현황(작성 예시)

이월 항목	이월금액 −	일자	기본수입/지출세팅 내용	금액	1월 +/−	내용	금액	생활비 지출 세부 내역 일자	지출명	금액
수입 (+)	1	17日	급여		+			1	약초	
	2	10日	월세		+			2	한살림	
	3	25日	기타		+			3	설렁탕	
	4	日			+			4	미술3	
월수입 총액					+			5	핫도그	
목표 생활비					−			6	yes24	
저축액(빚 상환액)					+					
고정 지출 (−)	1	25日	교육비		25					
	2	25日	통신비		26					
	3	17日	보험료		17					
	4	5日	관리비		5					
	5	17日	정수기임대료		17					
	6	17日	약제비		18					
	7	17日	도서구입비		17					
	8	20日	고정저축비		20					
고정지출 누계										
추가 지출 (−)	1	1日	수강비		8					
	2	20日	생활비 누계 1		20					
	3	30日	생활비 누계 2		30					
	4									
추가지출 누계										
저축 or 빚 상환	1	17日	폰할부금		20					
	2	10日	카드대금		10					
	3	15日	주택자금 대출		15					
	4									
	5									
저축/빚 상환 누계										

- ■ 생활비 지출 내역은 잊지 말고 기록하라.
- ■ 한 달 동안 생활비 지출 내역 칸을 넘기지 마라. (소비 통제)

- ■ 추가지출은 생활비 누계금을 포함하여 추가 지출된 항목을 기록하라. (목표 생활비 파악 및 조절)

- ■ '빚 청산과 저축 계획'에 해당하는 항목을 기록하라.

📟 _____ 월 지출 현황

항목	-	기본수입/지출세팅 일자	내용	금액	월 일자	금액	생활비 지출 세부 내역 일자	지출명	금액
수입 (+)	1	日			___		___		
	2	日			___		___		
	3	日			___		___		
	4	日			___		___		
월수입 총액							___		
목표 생활비							___		
저축액(빚 상환액)							___		
고정 지출 (-)	1	日			___		___		
	2	日			___		___		
	3	日			___		___		
	4	日			___		___		
	5	日			___		___		
	6	日			___		___		
	7	日			___		___		
	8	日			___		___		
고정지출 누계							___		
추가 지출 (-)	1	日			___		___		
	2	日			___		___		
	3	日			___		___		
추가지출 누계							___		
저축 or 빚 상환	1	日			___		___		
	2	日			___		___		
	3	日			___		___		
저축/빚 상환 누계							___		

▦ _____ 월 지출 현황

항목	-	일자	내용	금액	일자	지출명	금액
			월			**생활비 지출 세부 내역**	
수입 (+)	1	__日			___		
	2	__日			___		
	3	__日			___		
	4	__日			___		
월수입 총액					___		
목표 생활비					___		
저축액(빚 상환액)					___		
고정 지출 (-)	1	__日			___		
	2	__日			___		
	3	__日			___		
	4	__日			___		
	5	__日			___		
	6	__日			___		
	7	__日			___		
	8	__日			___		
고정지출 누계					___		
추가 지출 (-)	1	__日			___		
	2	__日			___		
	3	__日			___		
추가지출 누계					___		
저축 or 빚 상환	1	__日			___		
	2	__日			___		
	3	__日			___		
저축/빚 상환 누계					___		

_____ 월 지출 현황

항목	-	일자	내용	금액	일자	지출명	금액
			월			생활비 지출 세부 내역	
수입 (+)	1	___日			___		
	2	___日			___		
	3	___日			___		
	4	___日			___		
월수입 총액					___		
목표 생활비					___		
저축액(빚 상환액)					___		
고정 지출 (-)	1	___日			___		
	2	___日			___		
	3	___日			___		
	4	___日			___		
	5	___日			___		
	6	___日			___		
	7	___日			___		
	8	___日			___		
고정지출 누계					___		
추가 지출 (-)	1	___日			___		
	2	___日			___		
	3	___日			___		
추가지출 누계					___		
저축 or 빚 상환	1	___日			___		
	2	___日			___		
	3	___日			___		
저축/빚 상환 누계					___		

📟 ＿＿＿ 월 지출 현황

항목	-	일자	내용	금액	일자	지출명	금액
월					**생활비 지출 세부 내역**		
수입 (+)	1	＿日			＿		
	2	＿日			＿		
	3	＿日			＿		
	4	＿日			＿		
월수입 총액					＿		
목표 생활비					＿		
저축액(빚 상환액)					＿		
고정 지출 (−)	1	＿日			＿		
	2	＿日			＿		
	3	＿日			＿		
	4	＿日			＿		
	5	＿日			＿		
	6	＿日			＿		
	7	＿日			＿		
	8	＿日			＿		
고정지출 누계					＿		
추가 지출 (−)	1	＿日			＿		
	2	＿日			＿		
	3	＿日			＿		
추가지출 누계					＿		
저축 or 빚 상환	1	＿日			＿		
	2	＿日			＿		
	3	＿日			＿		
저축/빚 상환 누계					＿		

⬜ _____ 월 지출 현황

항목	–	일자	월 내용	금액	일자	생활비 지출 세부 내역 지출명	금액
수입 (+)	1	___日			___		
	2	___日			___		
	3	___日			___		
	4	___日			___		
월수입 총액					___		
목표 생활비					___		
저축액(빚 상환액)					___		
고정 지출 (–)	1	___日			___		
	2	___日			___		
	3	___日			___		
	4	___日			___		
	5	___日			___		
	6	___日			___		
	7	___日			___		
	8	___日			___		
고정지출 누계					___		
추가 지출 (–)	1	___日			___		
	2	___日			___		
	3	___日			___		
추가지출 누계					___		
저축 or 빚 상환	1	___日			___		
	2	___日			___		
	3	___日			___		
저축/빚 상환 누계					___		

Shuda's Third Law

Words, the Beginning of the Day

- The wonder of the beginning
- The importance of breathing
- The wavelength of the words

—

chapter 3

Daily Plan 작성하기

슈다의 제 **3** 법칙

말, 하루의 시작

- 시작의 경이로움
- 호흡의 중요성
- 말의 파장

매일 내 꿈을 말함에 앞서
하루의 계획부터 정확하게 작성하도록 한다.
꿈은 어제의 과거도, 내일의 미래도 아니다.
바로 오늘, 지금 이 순간부터 시작되고 있는 것이다.

슈다의 Daily Plan 작성

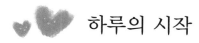

하루의 시작

밝은 미래를 열어주는 **시작의 경이로움**

오늘 당신의 스케줄에는 어떠한 일들로 하루 일과가 꽉 차 있는가? 그 속에 당신이 꿈꾸는 미래를 위한 일도 포함되어 있는가? 당신의 스케줄에 그러한 것들이 없다면, 당신이 생각하는 행복한 미래는 결코 오지 않음을 기억해야 한다.

그동안 마음의 안정을 찾았고 무엇을 해야 할지 생각했다. 이제는 행동해야 할 때임을 자각해야 한다. 하지만 우리는 안전지대의 안

락함과 편안함을 추구하는 회귀 본능이 있음을 너무 잘 알고 있다. 작심삼일이라는 말이 괜히 나왔겠는가? 그럼 행동하기 위해 무엇이 필요할까? 바로 내 몸에게 말해주며 내 몸을 깨우고 내 시간을 확보하기 위한 행동을 실천하는 것이다.

그 방법으로 나는 나의 새벽을 깨우는 것부터 시작했으며 웨이슈잉의 『하버드 새벽 4시 반』을 만나면서 다시금 확신했다. 책을 다 읽고 덮는 순간, 그들이 성공한 비결은 타고난 천재성이 아니었음을 알수 있었다. 단지 새벽 4시 반에 도서관에 몸을 맡기며 하루를 시작했고, 1분 1초를 아끼며 배움이라는 열정과 노력의 시간을 보낸 것뿐이었다.

새벽을 맞이하기까지의 과정은 자신의 몸과 마음이 싸우는 고통의 과정이다. 새벽 4시 반을 즐겁게 맞이하는 순간은 나약한 정신과 게으른 몸을 버리는 경이로운 순간이다. 하버드 도서관보다 밝은 새벽, 이 시간이 밝은 미래를 만드는 비밀임을 알기에, 새벽의 어둠을 깨우며 오늘 하루를 시작한다.

본연의 나를 찾는 **호흡의 중요성**

이른 새벽, 다이어리에 빼곡히 적힌 목표들을 소리 내어 말하며 내 몸을 깨운다. 곧이어 내가 가장 좋아하는 책으로 20분간 음독을 한다. 그런데 읽으면 읽을수록 성대가 너무 아프다. 호흡이 점점 짧아지고 마음까지 급해진다. 이 귀중하고 행복한 시간에 몰입을 방해하는 방해물이 생겼기에 마음이 불편하다.

생각했다. 이것이 이 순간만의 불편함인가? 아니었다. 평소 성대로 말하는 습관 때문에 찢어지는 목소리, 불규칙적인 호흡과 급격한 피로감으로 상대와의 소통까지 불편하다. 이 불편함은 무의식 속에 부정적인 감정까지 만들어낸다.

이제 문제를 해결하기 위해 내가 행동할 수 있는 방법을 찾기로 결심했다. 호흡과 말하기 관련 책을 찾아 헤매다가 성우 김나연의 『말의 품격을 더하는 보이스 스타일링』을 만났다. 그녀의 보이스 스타일링 기법인 동그라미 호흡은 마법이었다. 내 본연의 목소리, 따뜻한 중저음의 목소리를 찾게 해주었다. 성대를 사용하지 않고 말을 하게 되었고 급격한 피로감도 함께 사라졌다. 안정적인 호흡으로 급한 성격과 행동이 차분하게 변해 갔다. 예전에는 내 마음을 말하기 앞섰는데, 이제는 듣기에 편안함까지 느낀다.

김나연은 "제대로 말하기가 금인 시대에, 목소리는 그 사람의 내면과 무게를 보여주는 강력한 소통의 무기이다. 호흡을 통해 내 목소리를 찾는 것은 나의 본질을 바라보는 과정이며 스스로를 치유하는 과정이다."라고 말한다.

하루를 시작하며 가장 먼저 만나는 나와 내 목소리를, 세상 앞에 더욱 당당하게 만들어주는 것은, 내 호흡을 느끼며 내 목소리를 찾는 것에서 시작됨을 이제 안다.

긍정적 에너지를 만드는 **말의 파장**

　나는 내 본연의 목소리를 찾은 것만으로도 행복하지만, 40년이라는 긴 세월의 흔적을 지워야 하기에, 매일 아침 내 호흡을 찾고 내 목소리에 귀를 기울인다. 일상 속에서 내 목소리를 통해 나오는 말들까지 귀 기울이다가, 불현듯 어린 시절부터 무의식 속 신념이 하나 있었다는 사실을 깨달았다. '말하면 이루어진다. 부정적인 말은 함부로 하지 말자.' 특히 부정적인 말을 했을 때, 그 상황이 벌어지는 경험을 하면서 하나의 신념이 된 듯하다. 하지만 그런 신념도 무색하게 만드는 힘든 시간을 거치면서 '괴롭다.', '힘들다.'라는 부정적인 말을 자주 하고 있었다.

　말에는 강력한 에너지가 있다. 결국 내가 만든 부정적인 에너지로 내 인생을 내가 가로막고 있는 것이다. 하지만 항상 웃으면서 긍정적 에너지를 만들며 살기에는 현실이 만만치 않다. '현실이 만만치 않다.'고 말하는 이 순간도, 결국 과거를 벗어나지 못하게 하는 부정적 에너지를 계속 만들고 있다는 생각이 든다. 과거의 부정적인 나를 버리고 내 인생을 바꿔줄 방법이 없을까를 고민했다. 그리고 고이케 히로시의『2억 빚을 진 내게 우주님이 가르쳐준 운이 풀리는 말버릇』에서 그 방법을 찾았다.

　긍정적인 에너지를 뿜어내는 말 한마디를 시작으로, 그는 2억이라는 빚을 당당히 갚는다. 말의 힘은 정말 대단하다. 나 역시도 '감사합니다.'라는 말을 했을 뿐인데 인생에서 꼭 필요했던 할 수 있다는 '자신감'을 되찾았다. 그리고 오늘도 '감사합니다.'를 말버릇처럼 하며, 내가 만들 우주를 향해 긍정적인 에너지의 파장을 보낸다.

 ## 슈다북과 함께 하는 성공 필독서

웨이슈잉의 『하버드 새벽 4시 반(라이스메이커)』

당신의 새벽을 깨워라

　　미국 역대 대통령들, 수많은 노벨문학상 수상자들과 세계적인 부의 중심에 있는 인물들을 논할 때, '하버드'라는 단어가 빠질 수 없다. 어떻게 그들은 자신의 탁월성을 최고의 자리에 올려놓았을까? 나도 그들만큼은 아니어도, 내가 잘하는 무언가를 찾아 멋지게 세상에 내놓고 싶다. 그래서 그들의 성공 비결이 더 궁금하다.

　　웨이슈잉은 하버드를 이렇게 묘사한다. "모두가 잠든 시각인 새벽 4시 반, 하버드의 도서관은 빈자리 하나 없이 가득 차 있다. 도서관뿐만 아니라 식당, 복도, 교실과 보건실까지, 학생들은 치열한 얼굴로 책을 들여다보거나 기록하느라 여념이 없다. 하버드란 잠들지 않는 도시 같다." 그는 하버드의 성공 비결이 타고난 천재성이 아닌, 신이 준 공평한 시간을 더 성실하게 노력하며 열정적인 삶을 사는 것에 있다고 말한다.

그리고 그는 하버드 교수들이 학생들에게 가르치는 그 무엇에 주목한다. 그들은 학생들에게 사람됨을 가장 근본으로 하는 교육, 바른 삶의 자세를 가르쳐주는 교육을 실천하고 있었다. 결국 사람다운 사람이 되고, 바른 자세로 삶을 살아가면 그것이 성공의 길임을 깨닫게 해준다.

이 책을 읽고 하버드 교수의 가르침을 받은 듯 행복했다. '성공하고 싶은가? 그러면 당장 공부하라!'라는 하버드 격언에 가슴이 두근거렸다. 그리고 성공하기 위해 내가 지금 가장 먼저 행동으로 옮겨야 하는 것은 무엇일까를 생각했다. 바로 나의 새벽을 깨우는 일이었다. 내 기상 시간은 6시에서 5시, 4시 반, 4시, 3시 반으로 계속 당겨졌다. 현재는 4시에 기상을 한다. 나는 이 시간을 '기적의 시간'이라고 부른다. 이 시간에 읽은 책과 생각은 내 목표와 연결되어 메모장을 가득 채운다. 신기하리만큼 아이디어가 꼬리에 꼬리를 물고 나온다. 그래서 이 시간이 너무 행복하다. 40년 인생 동안 나에게는 '설렘'이라는 단어가 없었다. 그런데 이제야 그 설렘을 만났다. 그것은 바로 어둠에 싸인 새벽에, 곧 떠오를 뜨거운 태양을 기대하며 마주 앉은 나 자신이다.

성공의 기회는 결코 게으른 자에게 오지 않는다. 어두운 새벽 나 자신과의 싸움을 시작해보면 어떨까? 성공을 위한 행동의 가장 첫걸음, 행복이라는 고속도로를 달리게 해 줄 이 한 발을 과감하게 내딛어 보자.

김나연의 『말의 품격을 더하는 보이스 스타일링(가연)』

인생을 바꾸고 싶을 때 꼭 해야 할 일

내가 당신에게 전해줄 이 책의 가장 큰 핵심은 인생을 바꿔줄 '동그라미 호흡법'이라고 생각한다. 무슨 말이 필요할까? 그냥 '당신의 거친 호흡을 동그라미 호흡으로 바꿔보라.'라고 말하고 싶다. 거칠고 팍팍했던 내 삶의 목소리가 부드러운 중저음의 목소리로 바뀌는 마법의 순간을 맛볼 것이다.

김나연의 동그라미 호흡은 가장 먼저 날숨을 기본으로 '스' 하는 소리와 함께 내 호흡을 다 내뱉고, 홀쭉한 배를 만드는 것부터 시작된다. 동시에 손은 입 앞에서 시작해서 배꼽까지 내 호흡의 길이만큼 동그란 반원을 함께 그린다. 그 다음 빠르게 코로 들숨을 깊게 들이마시며, 복식호흡으로 최대한 배를 볼록하게 한다. 동시에 다시 손은 입 앞으로 가져가서 호흡을 내뱉는다. 내 호흡에 집중하며 내 호흡을 찾는다. 이제 말을 동그라미 호흡에 얹는데, 날숨의 '스'를 조금 하다가 말을 하고 다시 '스'로 마무리한다. 날숨과 들숨의 동그라미 호흡을 반복하며 동그라미 위에 말을 얹는다. 말이 끝나는 마무리는 날숨의 '스'로 동그라미를 한 번 더 그리며 끝낸다.

힘들고 복잡한 마음이 동그라미 호흡 속에 품어져 이해하는 넓은 마음이 생긴다. 뾰족하게 날 새웠던 내 마음이 동그랗게 되어가니 하루의 시작이 편안하다.

그녀가 말한 것처럼 지금은 "제대로 말하기가 중요한 시대"이다. 높은 학식과 학벌이나 돈보다 내 말과 행동에 진정성을 담을 때 사람들의 공감을 불러일으킨다. 공감은 성공의 키워드이고, 그 공감을 담은 진정성은 내 말, 내 목소리로 가장 먼저 전달된다. "보이스 스타일링은 내가 주인공이다."라고 했다. 세상을 바꿀 사람은 그 누구도 아니고 바로 나다. 그녀는 "내가 거울을 보고 나를 체크하듯, 나의 보이스를 찾는 것은, 나의 본질을 올바르게 바라보고 찾아가는 과정이며, 스스로를 치유하는 힐링의 과정이다."라고 말한다. 이제 내 것이 아닌 내 목소리를 버리고, 천상의 목소리인 나 본연의 목소리로 세상에 나아가자.

버릴수록 더 편안해짐을 오늘 한 번 더 깨달으며, 나의 하루 계획의 첫 머리에 동그라미 호흡을 적어본다.

고이케 히로시의

『2억 빚을 진 내게 우주님이 가르쳐준 운이 풀리는 말버릇(나무생각)』

역경을 성공으로 바꾸는 비결은 당신의 말을 긍정적인 말로 바꾸는 순간이다

파산 직전의 위기를 맞은 고이케 히로시는 '우주'라는 내면의 나를 만난다. 그 우주님은 '우주의 법칙'을 알고 '말버릇'을 긍정적으로 고치면, 현재의 운명을 바꿀 수 있다며 그를 강력하게 긍정의 우주 속으로 끌어당긴다.

우주님이 말하는 '우주의 법칙'은 무엇일까? "인간은 에너지 덩어리이다. 인간은 각자 각각의 우주를 자유롭게 만들고 살고 있다. 우리가 가진 현재의식이 잠재의식을 통해 우주로 연결된다. 잠재의식은 현재의식보다 6만 배의 에너지를 가진다. 그래서 잠재의식은 우주로 가는 에너지를 폭발적으로 증가시킨다. 잠재의식 속 믿음과 신념의 대변자인 '말'이라는 강력한 에너지를 통해, 우주로 가는 우주 파이프를 만든다. 바로 평소 내가 하는 말버릇이 내 우주에게 소원의 주문을 계속 외우고 있는 것이다. 결국 내가 가진 말버릇이 인생을 바꾼다."

어떤 '말버릇'을 가져야 할까? 그는 "긍정적인 믿음을 가지는 것, 긍정적인 말을 하는 것, 꿈꾸는 듯한 말이 아닌, '미래 완료형'의 말을 하는 것"이라고 말한다. 그럼 이미 부정적인 말버릇으로 우주 파이프가 손상되었다면 어떻게 해야 할까? 지금까지 스스로에게 했던 부정적인 말의 수를 웃돌 만큼 '감사합니다.'와 '사랑합니다.'를 수만 번 말하라는 것이다. 이는 잠재의식과 현재의식을 일체화시키고 나 자신에게 강력한 신뢰를 만들어 준다. 이 말은 잠재의식 속에서 6만 배의 힘을 가지고 우주로 전달된다. 그리고 인생의 역경을 역전시킨다.

많은 이야기 속에서 핵심이라고 생각되는 부분이 있다. 고이케 히로시가 2억 빚을 당당히 갚게 만든 그 시작, 그가 우주님이 조언한 '감사합니다.' 5만 번 말하기를 행동으로 실천한 것이다. 나도 이 책을 덮는 순간 하루 종일 '감사합니다.'를 말했다. 그리고 내가 느껴보지 못했던 신기한 힘이 있음을 경험했다. 바로 세상으로 나아갈 '자신감'이라는 강력한 에너지를 만난 것이다.

수년 동안 직장을 향해 아침마다 달리던 그 길, 갑자기 눈부신 태양이 나를 감싸며, 그에게 말했던 우주님이 나에게도 찾아와 무한한 힘의 에너지를 쏟아냈다. 너무 가슴이 벅찼다. 황홀하고 벅찬 이 감정은 태어나서 처음으로 느끼는 것이었다. 그 당시의 내 현실도 그리 편치 않았는데, 그것은 그렇게 중요하게 느껴지지 않았다. 미친 듯이 새벽에 일어나 책을 읽으며 나를 찾아갔다. 정말 행복한 시간이었다.

그는 긍정적인 에너지를 뿜어내는 그 한 마디 말의 힘으로 2억이라는 빚을 청산했고, 나는 인생에서 꼭 필요한 강력한 자신감을 얻었다. 이제 목표를 말버릇처럼 수백 번 외쳐보자. 그리하여 내가 만들 미래의 행복한 우주를 향해 긍정적인 에너지의 파장을 만들어보자.

🕰 성공한 이들과 함께 하는 슈다의 성공 실천

『하버드 새벽 4시 반』을 재구성한 슈다의 성공 다지기

- 새벽 기상으로 게으름의 옷을 벗어라.

- '덕'을 갖춘 사람이 되기 위해 노력하라.

- '난 할 수 있다.'를 외치며 '자신감'을 가져라.

- 실패해야 저 높은 곳으로 오를 수 있음을 기억하라.

- 끊임없이 생각하고 생각의 높이를 높여라.

- 목표를 가져라.

  - 계획 수립하기

  - 중요한 일과 덜 중요한 일 구분하기

  - 세부목표는 짧은 시간에 우선순위를 정하기

  - 고난이도 목표는 두뇌가 활발한 시간(오전, 오후)에 지속적으로 그 시간에 하기

  - 충전시간 갖기

- '난 반드시 성공할 수 있다.'를 외치며 '신념'을 가져라.

- 스스로를 칭찬하라.

- 인내심을 가져라.

- 한 가지 일에 집중하라.

- 전문적이고 완전한 배움에 집중하라.
- 배움의 열정을 습관화하라.
- 시간 관리의 달인이 되어라.
- 당신만의 창의력을 찾아라.
- '효율'은 인생의 최고의 무기임을 기억하라.
- 자기반성의 시간을 가져라.
- 엄격한 자기 통제력을 가져라.
- 지금 당장 일어나서 행동하라.

『말의 품격을 더하는 보이스 스타일링』을 재구성한

슈다의 동그라미 스-호흡

- 기초
  - 호흡(복식)-발성(성대 열기)-발음(정확한 조음기관 사용)-
    의식(동그라미 호흡)
  - 의도적으로 입 모양은 크고 정확하게 발음한다.
- 동그라미 호흡을 위한 대본 사전 작업
  - 키워드(명사, 대명사, 수사)와 장음을 찾는다.
  - 문맥 이해를 위해 긴 문장을 문장의 꼬리부터 읽으면서 의미 군
    으로 조각낸다.
  - 이미지를 그리며 내 생각으로 만든다.

- 키워드만 강조하고 조사나 어미는 그 음가의 소리를 그대로 내며 읽는다.
- 키워드 중심으로 자간을 좁혀 읽는다.
■ 동그라미 호흡
- 시작(날숨 길게, 스~ 나 대화, 스~)─들숨(깊고 짧게)─날숨(스~, 상대가 대화한다고 생각하고) 마무리한다.
- 날숨 스~ 방법: 웃으며 입 꼬리를 올리고 옆으로 넓게 벌리며 스~ 한다.
- 날숨에 말할 때는 대본을 보지 않고 말하며, 들숨에 대본을 보고 내 생각으로 가져온다.
- 호흡이 안정되었을 때 날숨에 손을 입 앞에 두고 동그라미를 그리며 복부로 가져온다.
- 손은 다시 들숨에 동그라미를 그리며 입 앞으로 가져온다.
■ 체화가 되도록 계속 연습한다.

『2억 빚을 진 내게 우주님이 가르쳐준 운이 풀리는 말버릇』을 재구성한 슈다의 나를 세우는 말버릇

■ 긍정적인 말버릇을 만들어라.
■ 결과를 분명히 정하고 완료형으로 말하라.
- 연봉 1억 받았어.

- '감사합니다.', '사랑합니다.'를 계속 말하라.
- '나는 할 수 있어.'라고 말하라.
- '그래 소원이 이루어졌어!'라고 말하라.
- '짤랑짤랑, 돈이 입금되었어!'라고 말하라.
  - 이미지를 그려라.
  - 구체적으로 주문하라.

    (강좌비 100만 원이 4월 29일에 입금되었어.)
- '돈을 낼 수 있는 나는 대단한 인간이다.'라고 말하라.
- 돈을 사랑하는 사람처럼 대하라.
  - 돈이 들어왔을 때는 한 장 한 장 정성스럽게 세라. '돌아와 주서서 감사합니다. 사랑합니다.'라고 말하라.
  - 돈이 나갈 때는 '감사합니다. 다음에는 친구들 데리고 함께 오십시오.'라고 말하라.

슈다의 Daily Plan 운영법

- 하루 24시간 중 나에게 집중할 수 있는 아침 시간을 확보하라.
- 아침 6시 전에 기상하라.
- 내 호흡을 느끼고 내 목소리를 들어라.
- 긍정적인 말들로 하루를 채워라.
- 일의 우선순위를 정하라.
- 미래를 위해 내가 해야 할 일을 가장 첫 번째로 기록하라.
- 기상 시간을 기록하라.
- 독서 중인 도서명을 기록하라.

나의 새벽을 깨우며 내 정신과 몸을 강하게 만들어보자. 새벽의 어둠 속에서 뜨거운 태양이 뜨기까지, 오로지 내 꿈을 위한 배움의 시간을 가져보자. 안정된 내 호흡을 찾고 내 목소리에 귀를 기울여 세상과 소통하는 사람이 되어보자. 내 목소리에 내 목표를 담아 성공의 에너지 파장을 만들어보자. 많은 사람들을 사랑하는 긍정적인 말로 행복한 하루를 보내보자. 이제 진정한 나를 바라보며 목표를 세우고 내가 해야 할 일에 집중하는 하루 계획을 세워보자.

02 꿈을 이루는 Daily Plan 세우기

나의 24시간 시간표

- ■미래를 위한 배움의 시간, 아침 시간을 확보하자.
- ■정말 해야 할 일들로 하루 계획을 세워보자.
- ■누계시간은 ↕화살표로 구간 설정 후 시간을 적어보자.

시간			확보 시간	누계 시간	할 일
AM	: ~ :				
	: ~ :				
	: ~ :				
	: ~ :				
	: ~ :				
	: ~ :				
	: ~ :				
	: ~ :				
	: ~ :				
	: ~ :				
	: ~ :				
	: ~ :				
	: ~ :				
	: ~ :				
	: ~ :				
	: ~ :				
	: ~ :				
	: ~ :				
	: ~ :				
	: ~ :				
	: ~ :				
	: ~ :				

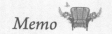

Memo

月 Daily Plan

	월	화	수
메 모			
1 주	기상 :	기상 :	기상 :
2 주	기상 :	기상 :	기상 :

■ 기상 시간을 포함한 목표를 위해 매일 할 일을 적어라.
■ 오늘 정말 할 일(업무) 1~2가지를 적어라.(많이 적지 마라, 하루는 길지 않다.)
■ 습관추적하기 가장 중요한 습관들에 ●(달성), × 표시하라.

목		금		토		일	
기상 :		기상 :		:		:	
기상 :		기상 :		:		:	

月 Daily Plan

	월		화		수	
	기상 :		기상 :		기상 :	
3주						
	기상 :		기상 :		기상 :	
4주						
	기상 :		기상 :		기상 :	
5주						

목			금			토		일	
기상 :			기상 :			:		:	
기상 :			기상 :			:		:	
기상 :			기상 :			:		:	

月 Daily Plan

	월	화	수
메모			
1주	기상 :	기상 :	기상 :
2주	기상 :	기상 :	기상 :

목		금		토		일	
기상 :		기상 :		:		:	
기상 :		기상 :		:		:	

月 Daily Plan

	월		화		수	
3주	기상 :		기상 :		기상 :	
4주	기상 :		기상 :		기상 :	
5주	기상 :		기상 :		기상 :	

- 기상 시간을 포함한 목표를 위해 매일 할 일을 적어라.
- 오늘 정말 할 일(업무) 1~2가지를 적어라.(많이 적지 마라, 하루는 길지 않다.)
- 습관추적하기 가장 중요한 습관들에 ●(달성), × 표시하라.

목			금			토		일	
기상 :			기상 :			:		:	
기상 :			기상 :			:		:	
기상 :			기상 :			:		:	

月 Daily Plan

	월	화	수
메모			
1주	기상 :	기상 :	기상 :
2주	기상 :	기상 :	기상 :

목		금		토		일	
기상 :		기상 :			:		:
기상 :		기상 :			:		:

月 Daily Plan

	월		화		수	
3 주	기상 :		기상 :		기상 :	
4 주	기상 :		기상 :		기상 :	
5 주	기상 :		기상 :		기상 :	

■ 기상 시간을 포함한 목표를 위해 매일 할 일을 적어라.
■ 오늘 정말 할 일(업무) 1∼2가지를 적어라.(많이 적지 마라, 하루는 길지 않다.)
■ 습관추적하기 가장 중요한 습관들에 ●(달성), × 표시하라.

목			금			토			일	
기상 :			기상 :			:			:	
기상 :			기상 :			:			:	
기상 :			기상 :			:			:	

月 Daily Plan

	월	화	수
메모			
1주	기상 :	기상 :	기상 :
2주	기상 :	기상 :	기상 :

■ 기상 시간을 포함한 목표를 위해 매일 할 일을 적어라.
■ 오늘 정말 할 일(업무) 1~2가지를 적어라.(많이 적지 마라, 하루는 길지 않다.)
■ 습관추적하기 가장 중요한 습관들에 ●(달성), × 표시하라.

목		금			토		일	
기상 :		기상 :			:		:	
기상 :		기상 :			:		:	

月 Daily Plan

	월			화			수		
	기상 :			기상 :			기상 :		
3 주									
	기상 :			기상 :			기상 :		
4 주									
	기상 :			기상 :			기상 :		
5 주									

■ 기상 시간을 포함한 목표를 위해 매일 할 일을 적어라.
■ 오늘 정말 할 일(업무) 1~2가지를 적어라.(많이 적지 마라, 하루는 길지 않다.)
■ 습관추적하기 가장 중요한 습관들에 ●(달성), × 표시하라.

목		금		토		일	
기상 :		기상 :		:		:	
기상 :		기상 :		:		:	
기상 :		기상 :		:		:	

Shuda's Fourth Law

Writing, Expression of thought

- Secret of thought
- Potential of habit
- Perfection of simplicity

chapter 4

100일 100번 목표 쓰기

슈다의 제 *4* 법칙

쓰기, 생각의 발현

- 생각의 비밀
- 습관의 잠재력
- 단순함의 완벽

신앙인이 필사를 하는 건 신에게 다가감이요,
신의 말씀대로 살기 위한 다짐이다.
내가 매일 내 꿈을 100번씩 쓴다는 것은
그만큼 내 꿈이 다가오고 있다는 것이다.

01

슈다의 100일 100번 목표 쓰기

 생각의 발현

목표에 한 발 더 다가가는 **생각의 비밀**

지금 당신의 모습은 어떠한가? 당신이 생각하고 상상하던 그 모습인가? 아니면 내가 꿈꾸며 상상했던 모습이 아닌 다른 나를 마주하고 있는가? 정말 제대로 생각하긴 했는가? 자신의 꿈을 담은 내 모습을 생각하고 상상했을 때, 사진을 찍은 듯이 눈앞에 그림이 그려지는가? 나는 그려지지 않았다. 내가 원하는 집, 돈, 차, 나의 모습과 가족, 어떤 장소에서 내가 무엇을 하며 행복한 미소를 짓고 있는지 명확하게 떠오르지 않았다. 그것은 내가 제대로 생각하지 않았기 때문에, 단지 내가 생각한 만큼의 이 자리에 내가 존재하는 것임을 깨달았다.

그리고 생각했다. 목표도 적었다. 나는 내가 정한 목표를 달성하기 위해 해야 할 일들을 하기 시작했다. 하지만 수많은 일이 일어나는 일상 속에서, 어느 순간 목표를 잊은 채 살고 있었다. 다시 원점으로 돌아와 '목표에 집중해!'라고 외치며 나 자신을 바로 세웠다. 효율적인 인생을 살아야 하는데 아주 비효율적임을 느꼈다.

목표를 잊지 않고 머릿속 깊은 곳에 각인시키는 효율적인 방법을 찾고 싶었다. 김승호 회장의 『생각의 비밀』이 그 답을 주었다. 빚없는 4천억 자산가, 현재 포브스 400대 부자의 대열에 합류하기 위해 자신의 꿈을 펼치고 있다. 그가 지금 이 순간에도 하고 있을 그 방법, "절실한 것이 생기면 구체적으로 목표를 정하고, 시각적인 자료를 만들며, 매일 100번씩 100일 동안 상상하고 쓰고 외치는 것"이다.

생각을 얼마나 지속적으로 유지해 나가느냐가 성공의 열쇠임을 알려주고 있다. 나는 그가 한 핵심 행동 '100일 100번 쓰기'를 시작했다. 그리고 정말 신기한 경험을 했다. 불투명했던 내 목표가 생각에 생각의 꼬리를 물고 수정되면서, 내가 가야 할 길을 인도하고 있다는 사실을 깨달았다. 이제는 나의 하루 일과 중 가장 중요하게 해야 할 일, 다이어리의 '100일 100번 목표 쓰기' 칸을 가득 채워나간다.

성과를 이끌어내는 **습관의 잠재력**

목표를 상상하고 쓰고 말하고 이미지를 붙여서 보는 행위만으로도, 과거보다 훨씬 내 목표에 대한 인식이 강해졌음을 느낀다. 하지만 이 간단한 일조차도 잊은 채 하루를 보내 버리는 경우가 생긴다. 가끔은 4시 기상이 4시 반이 된다. 100일 100번 쓰기를 건너뛴다. 동그라미 호흡과 목표 음독도 넘긴 채, 바로 책상에 앉아 좋아하는 책을 읽는다. 계단 걷기를 무시한 채 엘리베이터를 탄다.

왜일까? 이것은 자동적으로 습관화되지 않았기 때문이다. 습관화하기 위한 뭔가의 시스템이 필요했다. 이 문제는 제임스 클리어의 『Atomic Habits(아주 작은 습관의 힘)』에서 명쾌한 해답을 얻으면서 해결되었다. 제임스 클리어는 "자동화된 습관을 가지기 위해서는 목표에 집중하지 말고, 그것을 이루기 위한 시스템(작은 습관) 개선에 집중해야 함"을 강조한다. 이 시스템은 "결심을 분명하게, 매력적이게, 쉽게, 만족스럽게 만들고 끊임없이 개선하며 반복하는 것"이다. 이렇게 반복된 아주 작은 습관들이 위대한 성과를 가져온다고 말한다.

그의 구체적인 설명에 따라, 나의 목표와 연계하여 나만의 아주 작은 습관 시스템을 만들기 시작했다. 그동안 나는 불필요하게 에너지를 소모하고 있음을 알게 되었다. 이제 그 에너지를 내가 해야 할 일에 쓰기 시작하면서, 하루 일과 운영이 훨씬 편해졌다. 습관이 자동화되어 다이어리가 채워지는 날이 늘어간다. 아주 작은 습관이 상상 그 이상의 결과를 내기까지 많은 횟수를 채워야 하지만, 미래의 내 모습을 상상하면서 오늘도 행복함을 느낀다.

선택과 집중을 도와주는 **단순함의 완벽**

그동안 마음의 안정, 내 목표에 대한 깊은 생각과 경제적 현실 자각, 목표를 이루기 위해 해야 할 일들과 목표를 더 확실하게 만들기 위한 방법을 모색하였다. 대부분이 나의 불편함을 해결하기 위한 과정이었지만, 이는 인생을 경영하고 목표를 달성하는 데 효율성을 높이고 시간을 단축하는 데 초점을 두고 있다.

앞서 제시한 11권의 책 속에서 여러분은 많은 것을 느끼고 보았는가? 아마도 날마다 넘쳐나는 정보의 홍수 속에서, 한 발 더 전진하기 위해 끊임없이 고민하고 궁리했을 것이다. 이 시점에서 우리는 자신이 진정 해야 할 일에 대해 '선택과 집중'을 결정할 때라고 생각한다. 이 결정에서 필요한 것은 바로 '인생을 단순하게 만들고 행동하는 것'이다.

스펜서 존슨 · 케네스 블랜차드의 『인생을 단순화하라』에서 단순함으로 효율적인 목표에 도달하는 방법을 만났다. 그는 '1분 경영 관리법'을 통해 목표를 달성할 뿐만 아니라, 사람의 마음을 사로잡는 행동관리를 통해 성공적인 경영을 실현한다. 1분 경영 관리법의 핵심은 1분 안에 설명할 수 있는 목표 세우기, 목표 점검, 1분 칭찬과 1분 질책이다. 1분으로 단순화한 관리법으로 복잡한 회사 경영을 성공적으로 이루어낸다는 사실이 매우 놀라웠다. 나도 직장과 가정에서 적용해 본 결과 매우 긍정적인 효과가 있었다. 이 원리는 인생 모든 일을 이루는 과정 속에서 적용 가능한 것이었다.

인간은 누구나 즐거움을 추구하고 불편함을 싫어한다는 것, 나도 그렇다는 것을 인정하고 싶어졌다. 이제 복잡한 머릿속을 비우자. 가장 단순한 것은 뭘까? 그것은 바로 수많은 목표 중에 바로 오늘 꼭 해야 할 일만 하는 것이 아닐까? 나는 오늘, 내 목표를 위해 내가 진정으로 해야 할 일을 하고 있는지를 점검해본다.

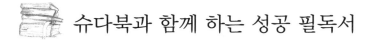 슈다북과 함께 하는 성공 필독서

김승호의 『생각의 비밀(황금사자)』

목표를 잊지 않고 머릿속 깊은 곳에 각인시켜라

　　행복한 부자인 김승호 회장을 다시 소개한다. 그는 자신이 금 수저를 갖고 태어나지 않았으며, 특별하게 머리가 좋은 것도 아니라고 말한다. 나에게는 무척이나 공감되는 말이었다. 그는 평범한 우리들이 성공하기 위해서 어떤 능력을 지녀야 할지, 그 성공의 비결을 명쾌하게 제시해준다.

　　무일푼인 그가 4천억 자산가가 되었고, 현재는 포브스 400대 부자로 선정되는 것을 목표로 열심히 달리고 있다. 이런 성공의 반열에 오르기 위해 그가 오로지 한 것은 무엇일까? 그는 절실하게 원하는 것이 생겼을 때 구체적 목표를 정하고, 이미지를 그리며, 매일 100번씩 100일간 상상하고, 쓰고, 외쳤다. 그는 아내와 자식과의 관계나 친구들 사이의 유대감까지도 상상과 생각을 통해 얻었다.

　　자신이 정한 목표가 절실히 원하는 것인지 아닌지의 여부는 100일 100번 목표 쓰기를 해보면 된다. 100일 동안 잘했으면 정말 자신이 원하는 목표가 맞다. 나는 내 꿈과 경제적 자유를 찾는 과정 중에 그의 책을 만났다. 그리고 100일 100번 목표 쓰기를 시작했다. 실제로 해보면 매일 쓴다는 것이 쉽지 않다. 중간에 멈추기도 한다. 그래도 괜찮다. 이어서 쓰다보면 내 생각이 계속 이어지고 그것이 목표를 위해 행동하도록 만든다. 100일간 100번씩 목표를 정하고 쓰는 과정이 인생의 돛을 다는 목표들로 계속 수정되고 있음을 느꼈다. 이것이야말로 내 목표로 향하는 유일한 방법임을 깨달았다.

나는 그를 존경하고 그는 나의 우상이다. 하지만 그가 돈 많은 부자이기 때문은 아니다. 그는 자신이 하는 일이 모두가 행복한 길이 되기를 꿈꿨고, 그 꿈을 이뤘다는 점에서 나는 그를 존경한다. 11개 국가 1,215개 매장, 4,000명의 직원들 모두가 행복한 기업을 만드는 데 성공했다는 것이다. 행복한 기업이라는 증거는 회사 창업 이래 단 한 번도 경쟁업체, 사내, 고객들과 소송에 휘말린 적이 없다는 것으로 입증된다. 그래서 그는 깊은 신뢰감을 준다. 나도 그처럼 내가 하는 일이 모두가 행복해지는 길이 되길 꿈꾼다.

"책을 덮고 자기가 얻고자 하는 것을 명함 뒤편에 적어라. 빼곡히 적어라. 그리고 아침마다 읽어라. 될 때까지 들여다봐라."는 말에 가슴이 두근거린다. 한편 "눈에 보이는 목표의 힘이 얼마나 큰지를 말해도 믿지 않는 이들을 보면서 답답함을 느낀다."는 글귀에서 '당신도 나처럼 억만장자가 될 수 있어!'라고 외치는 것 같다. "똑같은 책을 읽는데 어떤 이는 그것에서 기회를 보고 다른 이들은 독서로 만족하는 것일까?"라는 글귀에서는 '지금이 인생의 기회야.'라고 말하는 것 같다. 그는 "배우려 하고 도전하는 사람에게만 빛이 들어오는 것이 보이고, 호기심과 열정으로 그 빛을 잡는 순간 성공의 문이 열리는 것이다."라고 말한다.

허황된 로또의 꿈은 버리자. 누구의 말을 들을 것인가? 성공은 성실, 노력, 신용과 공부라는 억만장자의 길을 가는 그의 조언에 귀 기울여보자. 그가 했던 것처럼 100일 100번씩 목표를 쓰고 되뇌면서, 머릿속 깊은 곳에 각인시켜보자. 그리고 성공의 문을 열어주는 그 빛을 이제는 놓치지 말자. 잡자! 그러면 우리에게도 행복한 부자가 되는 그 순간이 올 것이다.

제임스 클리어의 『Atomic Habits − 아주 작은 습관의 힘(비즈니스북스)』

습관을 돈처럼 매일 1%씩 굴리는 방법을 터득하라

야구선수인 제임스 클리어는 고등학교 2학년의 마지막 날에, 야구 배트에 얼굴을 정통으로 강타당하는 사고를 당했다. 얼굴이 박살나고 코가 부러졌다. 왼쪽 눈이 튀어나와 실명 위기에 있었다. 뇌는 부풀어 올랐고 심정지가 세 번이나 왔다. 걷는 것은 불가능했다. 그런데 그는 절망과 두려움을 던지고 지금 당장 할 수 있는 아주 작은 일을 반복하기 시작했다. 6년 후 대학 최고 남자 선수가 되었다. 그리고 이 경험을 바탕으로 '아주 작은 습관의 힘'을 알리는 미국 최고의 자기계발 전문가가 되었다.

정말 대단하다. '감사하는 마음으로 살아야겠다.'는 생각도 함께 밀려온다. 그리고 '아주 작은 습관'의 힘이 이런 상황도 극복할 수 있게 만든 위력은 무엇인지 궁금하다. 먼저 습관에 대한 그의 생각은 "습관은 반복이며 복리다. 습관은 반복된 횟수에 의해 결정된다. 작은 습관의 반복이 변화는 미미하지만 결과는 상상 그 이상이다. 자동화된 습관을 위해서는 목표에 집중하지 말고, 그것을 이루기 위한 시스템(작은 습관) 개선에 집중해야 한다. 좋은 습관을 시작하는 것보다 나쁜 습관을 하지 않도록 하는 장치를 만드는 것이 중요하다."이다.

그는 정말 변화할 수 있는 습관을 만들기 위해서 지켜야 할 행동 변화 4법칙을 제시한다. "결심이 분명해야 하고(제1법칙), 매력적이어야 하며(제2법칙), 쉬워야 하고(제3법칙), 만족스러워야 한다(제4법칙)."이다.

특히 그는 진정한 행동의 변화를 이끌어 내는 것은 목표나 결과보다 그 사람의 정체성이 변화될 때임을 강조한다. 자신이 어떤 사람이 되고 싶은지를 깊이 이해하고, 정체성을 강화할 수 있는 작은 습관들을 만들면, 특별한 행동의 변화를 추구하지 않아도 행동하게 되기 때문이다.

습관을 계속 해내는 힘은 지루함을 이겨내고 계획한 일정대로 실행하는 것이라고 말한다. 성공은 목표 달성 결승점이 아니라, 발전을 위한 시스템(작은 습관)을 개선하며 끊임없이 반복하는 과정임을 강조한다.

나쁜 습관은 "보이지 않게 만들 것, 매력적이지 않게 만들 것, 하기 어렵게 만들 것, 습관 계약을 하여 나쁜 습관의 대가를 공적이고 고통스러운 것으로 만들 것"을 제시한다.

습관화하고 싶은 것에 시간과 장소, 구체적 계획을 추가해서 행동을 명확하게만 했는데 손쉽게 해야 할 일을 하게 되었다. 그가 말한 '클립 전략'은 예쁜 '구슬 전략'으로 바꾸었다. 책상 위의 옮겨지지 않은 구슬을 볼 때마다 자극이 되어 습관을 실행하게 되었다. 다이어리 Daily Plan에 '습관 추적'을 표시하도록 했더니, 다시 행동하도록 유도했고 점검하는 기회를 제공했다. 이렇게 작은 습관들을 시스템화하고 나니, 만족감이 높아지고 훨씬 더 일상이 편해졌다.

여러분도 습관을 유지하는 데 힘이 들지는 않은가? 이 모든 것을 다 적용할 필요는 없다. 당신에게 필요한 전략이 무엇인지 생각해 보자. 결과를 지속시키는 비결은 발전을 멈추지 않는 것에 있다고 한다. 당신의 아주 작은 습관 하나를 분명하고, 매력적이고, 쉽고, 만족스럽게 만들어서 멈추지 않게 만들어보자. "당신이 매일 1%씩 성장한다면, 1년 후에는 365% 성장해 있을 것이다."

스펜서 존슨 · 케네스 블랜차드의 『인생을 단순화하라(청림출판)』

정말 해야 할 일을 하는 시간은 1분으로 충분할 수 있다

내가 당신에게 전해 줄 이 책의 핵심은 단순화된 '1분 경영 관리법'이다. 이는 성과 달성과 효율적인 관계 대응 방법에 대해 알려주고 있다. 목표 지향적 운영 방법이지만 그 원리는 스스로 발전할 수 있는 인간 본연의 가치를 존중한다는 것, 마음의 동기란 오직 칭찬에서 발현된다는 것, 인간은 누구나 즐거움을 추구하고 불편함을 싫어한다는 것에 초점을 두고 있다.

이는 이미 알고 있는 것들이다. 이것들은 매우 단순하고 쉽다. 하지만 우리가 살면서 가져야 할 가치와 해야 할 것에 집중하도록 만든 아주 단순한 경영 법칙을 제시하고 있음을 알 수 있다. 결국 성공이라는 단어는 실제로 복잡하고 어려운 것에 있는 것이 아니라, 단순하고 쉬우며 우리가 이미 알고 있는 기본 원리 속에 있음을 깨닫게 해준다.

이제 스펜서 존슨이 말하는 효율적인 '1분 경영 관리법'에 대해 간단히 알아보도록 하자. 경영의 핵심은 '1분 목표 세우기, 1분 칭찬하기, 1분 질책하기'이다.

먼저 '1분 목표 세우기'는 "내가 해야 할 행동과 회사의 목표를 정확히 작성하고 점검할 것, 목표는 250자 이내 서류 한 장에 작성하되 1분 안에 말할 수 있도록 만들 것, 작은 목표를 설정할 것"이다. '1분 칭찬하기'는 "잘한 일이 무엇인지 명확하게 제시하며 즉시 칭찬할 것, 업무처리 능력에 대한 만족과 동료에게 도움이 됨을 말해주고 잠시 침묵할 것, 격려할 것"이다. 마지막으로 '1분 질책하기'는 "(처음 30초) 잘못한 일이 무엇인지 명확하게 제시하며 즉시 지적할 것, 관리자의 기분을 솔직하게 말하고 잠시 침묵할 것, (나머지 30초) 악수나 토닥이는 신체적 접촉, 회사의 귀중한 존재임을 상기시켜줄 것"이다.

이 과정에서 관리자는 사람의 발전에 시간을 투자하는 것을 최우

선시하고, 업무를 정확히 파악하며, 언제나 믿음과 존중이라는 긍정적인 관계 형성에 초점을 맞추는 것이 중요하다고 말한다. 이처럼 '1분 경영 관리법'은 아주 단순하면서도 의외로 섬세하다. 심지어 목표를 향한 업무방식과 성공적 인간관계에 있어 치밀하기까지 하다. 이는 단지 경영 관리에만 적용되는 것이 아니기에, 스스로를 위한 자기계발에도 적용 가능하다는 것을 말하고 싶다.

나는 어떤 사람이 되어야 할까를 생각해보자. 그 사람이 되기 위해 가장 단순하게 바로 오늘 내가 정말 해야 할 일을 생각해보자. 많은 책 속에서 제시한 방법들 중에 정말 단순하게 그것을 실천할 수 있는 방법을 찾아보자. 많이 하는 것이 중요한 것이 아니라, 정말 해야 할 일을 행동으로 실천하는 것이 중요하다. 인생을 치밀하고 사려 깊게 바라보되 쉽고 단순하게 만들어보자.

⏰ 성공한 이들과 함께 하는 슈다의 성공 실천

『생각의 비밀』을 재구성한 슈다의 100:100 목표 수립

- 가장 빨리 이루고 싶은 목표가 무엇인지 생각하라.
  - 구체적인 목표를 정하라.
- 키워드 중심의 단어들로 구성하라.
  - 월 400만 원 저축, 하루 매상 500만 원, 연간 매출 100억, 10만 구독자….
- 매일 100번씩 100일 동안 적어라.
- 목표가 바뀌어도 괜찮다. 다시 목표가 떠오를 것이다. 다시 1일부터 시작하라.
- 목표에 도달하는 시간을 단축하는 또 하나의 방법은 목표를 이미 지화하여 눈에 보이는 곳에 둬라.
- 포기하지 마라.
- 당신이 생각한 대로 이루어진다고 믿어라.

『Atomic Habits(아주 작은 습관의 힘)』을 재구성한
슈다의 습관 시스템 만들기

습관 만들기 4법칙: 결심을 분명하게, 매력적이게, 쉽게, 만족스럽게 만들기

- 나의 정체성에 대해 깊이 고민하고 정하라.
  - 나는 어떤 사람이 되고 싶은가?
  - 행동과 습관 ⇄ 나의 정체성, 정체성 방향과 동일한 행동 변화는 쉽다.
  - 최고의 습관 ⇐ 나의 정체성 = 나의 적성 ⇒ 최고의 자리
- 현재 습관을 써보고 인식하라.
- 습관에 정확한 시간과 장소, 습관계획을 부여하라.
  - 나는 언제, 어디서, 어떤 행동을 할 것이다.
- 현재의 습관 후에 내게 필요한 습관을 하고 내가 원하는 습관을 짝 지어라.
  - 모닝커피를 마신 후 → 어제의 감사 일기 쓰고 → 신문을 읽어야지.
    　(현재의 습관)　　　　(내게 필요한 습관)　　　(내가 원하는 습관)
- 습관별로 공간을 분리하라.
- 즉시 할 수 있는 환경을 만들어라.
- 아주 쉽고 단순하게 2분 이하 습관으로 만들어라.
  - 2분 동안 그 일을 하고 멈추기
  - 습관이 확립(표준화)될 때까지 반복하여 습관을 형성하기

- 강화 요인을 찾아 습관을 완수하면 즉시 스스로 보상하라.
- '클립 전략'으로 습관을 행할 때마다 클립을 옮겨라(시각화).
- '습관 추척'으로 습관을 실행한 것을 표시하라(습관 흐름 유지).
- 두 번은 거르지 마라.
- 나쁜 습관은 보이지 않게 하고, 피하고, 단계를 늘리고, 나쁜 습관에 대가를 지불하는 습관계약을 활용하라.

『인생을 단순화하라』를 재구성한 슈다의 단순한 인생 운영하기

기본 원칙

- '칭찬은 고래도 춤추게 한다.'는 원리를 기억하고 칭찬할 수 있는 상황을 만들어라.
- 처음 시작할 때는 작은 목표를 먼저 세워라.
- 목표와 해야 할 행동을 정확히 파악하고 매일 점검하라.
- 관심과 존중받았다고 느낄 때, 스스로 할 수 있는 힘이 생김을 기억하라.
- 행동에 대한 문제점은 지적하지만, 존재 자체에 상처 주는 행동은 하지 마라.
- 계획－칭찬－질책, 1분을 넘기지 마라.
- 질책하고 칭찬하는 순서를 따라라.

'1분 경영 관리법'

- 1분 계획 세우기

  - 목표와 행동을 정확하게 매칭 시켜라.

  - 목표는 1분 안에 말할 수 있도록 250자 내외, 종이 한 장으로 적어라.

  - 작은 목표를 세워라.

- 1분 칭찬하기

  - 잘한 일을 명확히 제시하고 즉시 칭찬하라.

  - 업무 능력에 만족하며 도움이 되는 존재임을 말하라.

- 1분 질책하기

  - (처음 30초) 잘못한 일을 명확히 제시하고 즉시 지적하라.

  - 관리자의 기분을 솔직하게 말하고 잠시 침묵하라.

  - (나머지 30초) 악수, 토닥임으로 신체적 접촉을 하라.

  - 귀중하고 필요한 존재임을 상기시켜줘라.

슈다의 100일 100번 목표 쓰기 작성법

- '나는 어떤 사람이 되고 싶은가'를 생각하고 결정하라.
- 나의 장기 · 단기 목표들을 생각하고 결정하라.
- 많은 목표들 중에 지금 당장 내가 해야 할 작은 목표(일)을 구체적으로 써라.
  - 월 400만 원 저축, 일 500만 원 매출, 3월 30일 집필완료, 5월 1만 구독자
- 당장 이뤄야 할 작은 목표를 100일 100번 써라.
- '100일 100번 목표 쓰기'가 습관이 되도록 시스템화하라.
  - '슈다의 습관 시스템 만들기 법칙' 활용하기
- 실천이 잘 되지 않을 때는 다시 고민하라.
  - 자신이 진정 원하는 것인가?
  - 이 시점에서 이 단계가 적합한가?
  - 아직 습관화되지 않아서인가?

인생에서 좋은 습관 한 가지를 만든다는 것은 생각보다 어렵다. 하지만 아는 것과 모르는 것의 차이가 얼마나 큰지를 느끼면서, 그것이 얼마나 쉬움을 깨닫는다. 이제 습관에 시간과 장소와 계획을 명확히 하는 것이 습관을 만드는 방법이라는 사실을 안다. 사실 얼마나 단순한가? 내가 어떤 사람이 되고 싶은가를 생각하며 목표를 세우고, 실천할 수 있는 작은 습관을 만들며 행동으로 옮기는 것이 성공으로 가는 효율적인 지름길임을 안다. 이 얼마나 기본적이며 당연한 원리인가? 인간은 즐거움을 찾고 불편함을 싫어하며, 칭찬을 좋아하고 존중

과 인정을 받으면 더 발전하고 성장한다는 사실을 안다. 이 또한 얼마나 익숙한 이야기인가? 우리는 이미 다 알고 있다. 알고 있음을 인지한 사람과 인지하지 못한 사람의 차이, 행동한 사람과 행동하지 않은 사람과의 차이일 뿐이다.

복잡하고 어렵게 생각하지 말자. 당신은 이미 알고 있다. 이제 나에 대해 깊이 생각해라. 무엇이 되고 싶은지 선택하라. 그리고 큰 목표들을 세워라. 큰 목표를 달성하기 위해 바로 오늘 해야 할 작은 목표 하나를 세워라. 100일 동안 100번씩 쓰면서 말하고 생각하고 생각하라. 그 다음에 할 일은 저절로 깨닫게 될 것이다. 결과는 행동할 때 만들어지는 것임을 잊지 말자.

02

꿈을 이루는 100일 100번 목표 쓰기

月　日 100일 100번 목표 : ◻1

2		35		68	
3		36		69	
4		37		70	
5		38		71	
6		39		72	
7		40		73	
8		41		74	
9		42		75	
10		43		76	
11		44		77	
12		45		78	
13		46		79	
14		47		80	
15		48		81	
16		49		82	
17		50		83	
18		51		84	
19		52		85	
20		53		86	
21		54		87	
22		55		88	
23		56		89	
24		57		90	
25		58		91	
26		59		92	
27		60		93	
28		61		94	
29		62		95	
30		63		96	
31		64		97	
32		65		98	
33		66		99	
34		67		100	

月　日　100일 100번 목표 : 　1

2		35		68	
3		36		69	
4		37		70	
5		38		71	
6		39		72	
7		40		73	
8		41		74	
9		42		75	
10		43		76	
11		44		77	
12		45		78	
13		46		79	
14		47		80	
15		48		81	
16		49		82	
17		50		83	
18		51		84	
19		52		85	
20		53		86	
21		54		87	
22		55		88	
23		56		89	
24		57		90	
25		58		91	
26		59		92	
27		60		93	
28		61		94	
29		62		95	
30		63		96	
31		64		97	
32		65		98	
33		66		99	
34		67		100	

2		35		68	
3		36		69	
4		37		70	
5		38		71	
6		39		72	
7		40		73	
8		41		74	
9		42		75	
10		43		76	
11		44		77	
12		45		78	
13		46		79	
14		47		80	
15		48		81	
16		49		82	
17		50		83	
18		51		84	
19		52		85	
20		53		86	
21		54		87	
22		55		88	
23		56		89	
24		57		90	
25		58		91	
26		59		92	
27		60		93	
28		61		94	
29		62		95	
30		63		96	
31		64		97	
32		65		98	
33		66		99	
34		67		100	

月　日　100일 100번 목표 :　1

2		35		68	
3		36		69	
4		37		70	
5		38		71	
6		39		72	
7		40		73	
8		41		74	
9		42		75	
10		43		76	
11		44		77	
12		45		78	
13		46		79	
14		47		80	
15		48		81	
16		49		82	
17		50		83	
18		51		84	
19		52		85	
20		53		86	
21		54		87	
22		55		88	
23		56		89	
24		57		90	
25		58		91	
26		59		92	
27		60		93	
28		61		94	
29		62		95	
30		63		96	
31		64		97	
32		65		98	
33		66		99	
34		67		100	

月　日　100일 100번 목표 : 1

2		35		68	
3		36		69	
4		37		70	
5		38		71	
6		39		72	
7		40		73	
8		41		74	
9		42		75	
10		43		76	
11		44		77	
12		45		78	
13		46		79	
14		47		80	
15		48		81	
16		49		82	
17		50		83	
18		51		84	
19		52		85	
20		53		86	
21		54		87	
22		55		88	
23		56		89	
24		57		90	
25		58		91	
26		59		92	
27		60		93	
28		61		94	
29		62		95	
30		63		96	
31		64		97	
32		65		98	
33		66		99	
34		67		100	

月　日 100일 100번 목표 : 1

2		35		68	
3		36		69	
4		37		70	
5		38		71	
6		39		72	
7		40		73	
8		41		74	
9		42		75	
10		43		76	
11		44		77	
12		45		78	
13		46		79	
14		47		80	
15		48		81	
16		49		82	
17		50		83	
18		51		84	
19		52		85	
20		53		86	
21		54		87	
22		55		88	
23		56		89	
24		57		90	
25		58		91	
26		59		92	
27		60		93	
28		61		94	
29		62		95	
30		63		96	
31		64		97	
32		65		98	
33		66		99	
34		67		100	

2		35		68	
3		36		69	
4		37		70	
5		38		71	
6		39		72	
7		40		73	
8		41		74	
9		42		75	
10		43		76	
11		44		77	
12		45		78	
13		46		79	
14		47		80	
15		48		81	
16		49		82	
17		50		83	
18		51		84	
19		52		85	
20		53		86	
21		54		87	
22		55		88	
23		56		89	
24		57		90	
25		58		91	
26		59		92	
27		60		93	
28		61		94	
29		62		95	
30		63		96	
31		64		97	
32		65		98	
33		66		99	
34		67		100	

月　日　100일 100번 목표 :　1

2		35		68	
3		36		69	
4		37		70	
5		38		71	
6		39		72	
7		40		73	
8		41		74	
9		42		75	
10		43		76	
11		44		77	
12		45		78	
13		46		79	
14		47		80	
15		48		81	
16		49		82	
17		50		83	
18		51		84	
19		52		85	
20		53		86	
21		54		87	
22		55		88	
23		56		89	
24		57		90	
25		58		91	
26		59		92	
27		60		93	
28		61		94	
29		62		95	
30		63		96	
31		64		97	
32		65		98	
33		66		99	
34		67		100	

2		35		68	
3		36		69	
4		37		70	
5		38		71	
6		39		72	
7		40		73	
8		41		74	
9		42		75	
10		43		76	
11		44		77	
12		45		78	
13		46		79	
14		47		80	
15		48		81	
16		49		82	
17		50		83	
18		51		84	
19		52		85	
20		53		86	
21		54		87	
22		55		88	
23		56		89	
24		57		90	
25		58		91	
26		59		92	
27		60		93	
28		61		94	
29		62		95	
30		63		96	
31		64		97	
32		65		98	
33		66		99	
34		67		100	

2		35		68	
3		36		69	
4		37		70	
5		38		71	
6		39		72	
7		40		73	
8		41		74	
9		42		75	
10		43		76	
11		44		77	
12		45		78	
13		46		79	
14		47		80	
15		48		81	
16		49		82	
17		50		83	
18		51		84	
19		52		85	
20		53		86	
21		54		87	
22		55		88	
23		56		89	
24		57		90	
25		58		91	
26		59		92	
27		60		93	
28		61		94	
29		62		95	
30		63		96	
31		64		97	
32		65		98	
33		66		99	
34		67		100	

2		35		68	
3		36		69	
4		37		70	
5		38		71	
6		39		72	
7		40		73	
8		41		74	
9		42		75	
10		43		76	
11		44		77	
12		45		78	
13		46		79	
14		47		80	
15		48		81	
16		49		82	
17		50		83	
18		51		84	
19		52		85	
20		53		86	
21		54		87	
22		55		88	
23		56		89	
24		57		90	
25		58		91	
26		59		92	
27		60		93	
28		61		94	
29		62		95	
30		63		96	
31		64		97	
32		65		98	
33		66		99	
34		67		100	

2		35		68	
3		36		69	
4		37		70	
5		38		71	
6		39		72	
7		40		73	
8		41		74	
9		42		75	
10		43		76	
11		44		77	
12		45		78	
13		46		79	
14		47		80	
15		48		81	
16		49		82	
17		50		83	
18		51		84	
19		52		85	
20		53		86	
21		54		87	
22		55		88	
23		56		89	
24		57		90	
25		58		91	
26		59		92	
27		60		93	
28		61		94	
29		62		95	
30		63		96	
31		64		97	
32		65		98	
33		66		99	
34		67		100	

月　日 100일 100번 목표 :　1

2		35		68	
3		36		69	
4		37		70	
5		38		71	
6		39		72	
7		40		73	
8		41		74	
9		42		75	
10		43		76	
11		44		77	
12		45		78	
13		46		79	
14		47		80	
15		48		81	
16		49		82	
17		50		83	
18		51		84	
19		52		85	
20		53		86	
21		54		87	
22		55		88	
23		56		89	
24		57		90	
25		58		91	
26		59		92	
27		60		93	
28		61		94	
29		62		95	
30		63		96	
31		64		97	
32		65		98	
33		66		99	
34		67		100	

月　日　100일 100번 목표 :　1

2		35		68	
3		36		69	
4		37		70	
5		38		71	
6		39		72	
7		40		73	
8		41		74	
9		42		75	
10		43		76	
11		44		77	
12		45		78	
13		46		79	
14		47		80	
15		48		81	
16		49		82	
17		50		83	
18		51		84	
19		52		85	
20		53		86	
21		54		87	
22		55		88	
23		56		89	
24		57		90	
25		58		91	
26		59		92	
27		60		93	
28		61		94	
29		62		95	
30		63		96	
31		64		97	
32		65		98	
33		66		99	
34		67		100	

2		35		68	
3		36		69	
4		37		70	
5		38		71	
6		39		72	
7		40		73	
8		41		74	
9		42		75	
10		43		76	
11		44		77	
12		45		78	
13		46		79	
14		47		80	
15		48		81	
16		49		82	
17		50		83	
18		51		84	
19		52		85	
20		53		86	
21		54		87	
22		55		88	
23		56		89	
24		57		90	
25		58		91	
26		59		92	
27		60		93	
28		61		94	
29		62		95	
30		63		96	
31		64		97	
32		65		98	
33		66		99	
34		67		100	

2		35		68	
3		36		69	
4		37		70	
5		38		71	
6		39		72	
7		40		73	
8		41		74	
9		42		75	
10		43		76	
11		44		77	
12		45		78	
13		46		79	
14		47		80	
15		48		81	
16		49		82	
17		50		83	
18		51		84	
19		52		85	
20		53		86	
21		54		87	
22		55		88	
23		56		89	
24		57		90	
25		58		91	
26		59		92	
27		60		93	
28		61		94	
29		62		95	
30		63		96	
31		64		97	
32		65		98	
33		66		99	
34		67		100	

月　　日 100일 100번 목표 : 1

2		35		68	
3		36		69	
4		37		70	
5		38		71	
6		39		72	
7		40		73	
8		41		74	
9		42		75	
10		43		76	
11		44		77	
12		45		78	
13		46		79	
14		47		80	
15		48		81	
16		49		82	
17		50		83	
18		51		84	
19		52		85	
20		53		86	
21		54		87	
22		55		88	
23		56		89	
24		57		90	
25		58		91	
26		59		92	
27		60		93	
28		61		94	
29		62		95	
30		63		96	
31		64		97	
32		65		98	
33		66		99	
34		67		100	

月　日　100일 100번 목표 : 1

2		35		68	
3		36		69	
4		37		70	
5		38		71	
6		39		72	
7		40		73	
8		41		74	
9		42		75	
10		43		76	
11		44		77	
12		45		78	
13		46		79	
14		47		80	
15		48		81	
16		49		82	
17		50		83	
18		51		84	
19		52		85	
20		53		86	
21		54		87	
22		55		88	
23		56		89	
24		57		90	
25		58		91	
26		59		92	
27		60		93	
28		61		94	
29		62		95	
30		63		96	
31		64		97	
32		65		98	
33		66		99	
34		67		100	

月　日 100일 100번 목표 :　1

2		35		68	
3		36		69	
4		37		70	
5		38		71	
6		39		72	
7		40		73	
8		41		74	
9		42		75	
10		43		76	
11		44		77	
12		45		78	
13		46		79	
14		47		80	
15		48		81	
16		49		82	
17		50		83	
18		51		84	
19		52		85	
20		53		86	
21		54		87	
22		55		88	
23		56		89	
24		57		90	
25		58		91	
26		59		92	
27		60		93	
28		61		94	
29		62		95	
30		63		96	
31		64		97	
32		65		98	
33		66		99	
34		67		100	

月　日　100일 100번 목표 : 　1

2		35		68	
3		36		69	
4		37		70	
5		38		71	
6		39		72	
7		40		73	
8		41		74	
9		42		75	
10		43		76	
11		44		77	
12		45		78	
13		46		79	
14		47		80	
15		48		81	
16		49		82	
17		50		83	
18		51		84	
19		52		85	
20		53		86	
21		54		87	
22		55		88	
23		56		89	
24		57		90	
25		58		91	
26		59		92	
27		60		93	
28		61		94	
29		62		95	
30		63		96	
31		64		97	
32		65		98	
33		66		99	
34		67		100	

月　日 100일 100번 목표 : 　1

2		35		68	
3		36		69	
4		37		70	
5		38		71	
6		39		72	
7		40		73	
8		41		74	
9		42		75	
10		43		76	
11		44		77	
12		45		78	
13		46		79	
14		47		80	
15		48		81	
16		49		82	
17		50		83	
18		51		84	
19		52		85	
20		53		86	
21		54		87	
22		55		88	
23		56		89	
24		57		90	
25		58		91	
26		59		92	
27		60		93	
28		61		94	
29		62		95	
30		63		96	
31		64		97	
32		65		98	
33		66		99	
34		67		100	

月　日　100일 100번 목표 :　1

2		35		68	
3		36		69	
4		37		70	
5		38		71	
6		39		72	
7		40		73	
8		41		74	
9		42		75	
10		43		76	
11		44		77	
12		45		78	
13		46		79	
14		47		80	
15		48		81	
16		49		82	
17		50		83	
18		51		84	
19		52		85	
20		53		86	
21		54		87	
22		55		88	
23		56		89	
24		57		90	
25		58		91	
26		59		92	
27		60		93	
28		61		94	
29		62		95	
30		63		96	
31		64		97	
32		65		98	
33		66		99	
34		67		100	

2		35		68	
3		36		69	
4		37		70	
5		38		71	
6		39		72	
7		40		73	
8		41		74	
9		42		75	
10		43		76	
11		44		77	
12		45		78	
13		46		79	
14		47		80	
15		48		81	
16		49		82	
17		50		83	
18		51		84	
19		52		85	
20		53		86	
21		54		87	
22		55		88	
23		56		89	
24		57		90	
25		58		91	
26		59		92	
27		60		93	
28		61		94	
29		62		95	
30		63		96	
31		64		97	
32		65		98	
33		66		99	
34		67		100	

2		35		68	
3		36		69	
4		37		70	
5		38		71	
6		39		72	
7		40		73	
8		41		74	
9		42		75	
10		43		76	
11		44		77	
12		45		78	
13		46		79	
14		47		80	
15		48		81	
16		49		82	
17		50		83	
18		51		84	
19		52		85	
20		53		86	
21		54		87	
22		55		88	
23		56		89	
24		57		90	
25		58		91	
26		59		92	
27		60		93	
28		61		94	
29		62		95	
30		63		96	
31		64		97	
32		65		98	
33		66		99	
34		67		100	

2		35		68	
3		36		69	
4		37		70	
5		38		71	
6		39		72	
7		40		73	
8		41		74	
9		42		75	
10		43		76	
11		44		77	
12		45		78	
13		46		79	
14		47		80	
15		48		81	
16		49		82	
17		50		83	
18		51		84	
19		52		85	
20		53		86	
21		54		87	
22		55		88	
23		56		89	
24		57		90	
25		58		91	
26		59		92	
27		60		93	
28		61		94	
29		62		95	
30		63		96	
31		64		97	
32		65		98	
33		66		99	
34		67		100	

月　日　100일 100번 목표 : 1

2		35		68	
3		36		69	
4		37		70	
5		38		71	
6		39		72	
7		40		73	
8		41		74	
9		42		75	
10		43		76	
11		44		77	
12		45		78	
13		46		79	
14		47		80	
15		48		81	
16		49		82	
17		50		83	
18		51		84	
19		52		85	
20		53		86	
21		54		87	
22		55		88	
23		56		89	
24		57		90	
25		58		91	
26		59		92	
27		60		93	
28		61		94	
29		62		95	
30		63		96	
31		64		97	
32		65		98	
33		66		99	
34		67		100	

月　日 100일 100번 목표 : 1

2		35		68	
3		36		69	
4		37		70	
5		38		71	
6		39		72	
7		40		73	
8		41		74	
9		42		75	
10		43		76	
11		44		77	
12		45		78	
13		46		79	
14		47		80	
15		48		81	
16		49		82	
17		50		83	
18		51		84	
19		52		85	
20		53		86	
21		54		87	
22		55		88	
23		56		89	
24		57		90	
25		58		91	
26		59		92	
27		60		93	
28		61		94	
29		62		95	
30		63		96	
31		64		97	
32		65		98	
33		66		99	
34		67		100	

月　日　100일 100번 목표 :　1

2		35		68	
3		36		69	
4		37		70	
5		38		71	
6		39		72	
7		40		73	
8		41		74	
9		42		75	
10		43		76	
11		44		77	
12		45		78	
13		46		79	
14		47		80	
15		48		81	
16		49		82	
17		50		83	
18		51		84	
19		52		85	
20		53		86	
21		54		87	
22		55		88	
23		56		89	
24		57		90	
25		58		91	
26		59		92	
27		60		93	
28		61		94	
29		62		95	
30		63		96	
31		64		97	
32		65		98	
33		66		99	
34		67		100	

月　日　100일 100번 목표 :　1

2		35		68	
3		36		69	
4		37		70	
5		38		71	
6		39		72	
7		40		73	
8		41		74	
9		42		75	
10		43		76	
11		44		77	
12		45		78	
13		46		79	
14		47		80	
15		48		81	
16		49		82	
17		50		83	
18		51		84	
19		52		85	
20		53		86	
21		54		87	
22		55		88	
23		56		89	
24		57		90	
25		58		91	
26		59		92	
27		60		93	
28		61		94	
29		62		95	
30		63		96	
31		64		97	
32		65		98	
33		66		99	
34		67		100	

月　日 100일 100번 목표 : 　1

2		35		68	
3		36		69	
4		37		70	
5		38		71	
6		39		72	
7		40		73	
8		41		74	
9		42		75	
10		43		76	
11		44		77	
12		45		78	
13		46		79	
14		47		80	
15		48		81	
16		49		82	
17		50		83	
18		51		84	
19		52		85	
20		53		86	
21		54		87	
22		55		88	
23		56		89	
24		57		90	
25		58		91	
26		59		92	
27		60		93	
28		61		94	
29		62		95	
30		63		96	
31		64		97	
32		65		98	
33		66		99	
34		67		100	

月　日　100일 100번 목표 :　1

2		35		68	
3		36		69	
4		37		70	
5		38		71	
6		39		72	
7		40		73	
8		41		74	
9		42		75	
10		43		76	
11		44		77	
12		45		78	
13		46		79	
14		47		80	
15		48		81	
16		49		82	
17		50		83	
18		51		84	
19		52		85	
20		53		86	
21		54		87	
22		55		88	
23		56		89	
24		57		90	
25		58		91	
26		59		92	
27		60		93	
28		61		94	
29		62		95	
30		63		96	
31		64		97	
32		65		98	
33		66		99	
34		67		100	

月　日　100일 100번 목표 : 　1

2		35		68	
3		36		69	
4		37		70	
5		38		71	
6		39		72	
7		40		73	
8		41		74	
9		42		75	
10		43		76	
11		44		77	
12		45		78	
13		46		79	
14		47		80	
15		48		81	
16		49		82	
17		50		83	
18		51		84	
19		52		85	
20		53		86	
21		54		87	
22		55		88	
23		56		89	
24		57		90	
25		58		91	
26		59		92	
27		60		93	
28		61		94	
29		62		95	
30		63		96	
31		64		97	
32		65		98	
33		66		99	
34		67		100	

2		35		68	
3		36		69	
4		37		70	
5		38		71	
6		39		72	
7		40		73	
8		41		74	
9		42		75	
10		43		76	
11		44		77	
12		45		78	
13		46		79	
14		47		80	
15		48		81	
16		49		82	
17		50		83	
18		51		84	
19		52		85	
20		53		86	
21		54		87	
22		55		88	
23		56		89	
24		57		90	
25		58		91	
26		59		92	
27		60		93	
28		61		94	
29		62		95	
30		63		96	
31		64		97	
32		65		98	
33		66		99	
34		67		100	

2		35		68	
3		36		69	
4		37		70	
5		38		71	
6		39		72	
7		40		73	
8		41		74	
9		42		75	
10		43		76	
11		44		77	
12		45		78	
13		46		79	
14		47		80	
15		48		81	
16		49		82	
17		50		83	
18		51		84	
19		52		85	
20		53		86	
21		54		87	
22		55		88	
23		56		89	
24		57		90	
25		58		91	
26		59		92	
27		60		93	
28		61		94	
29		62		95	
30		63		96	
31		64		97	
32		65		98	
33		66		99	
34		67		100	

2		35		68	
3		36		69	
4		37		70	
5		38		71	
6		39		72	
7		40		73	
8		41		74	
9		42		75	
10		43		76	
11		44		77	
12		45		78	
13		46		79	
14		47		80	
15		48		81	
16		49		82	
17		50		83	
18		51		84	
19		52		85	
20		53		86	
21		54		87	
22		55		88	
23		56		89	
24		57		90	
25		58		91	
26		59		92	
27		60		93	
28		61		94	
29		62		95	
30		63		96	
31		64		97	
32		65		98	
33		66		99	
34		67		100	

2		35		68	
3		36		69	
4		37		70	
5		38		71	
6		39		72	
7		40		73	
8		41		74	
9		42		75	
10		43		76	
11		44		77	
12		45		78	
13		46		79	
14		47		80	
15		48		81	
16		49		82	
17		50		83	
18		51		84	
19		52		85	
20		53		86	
21		54		87	
22		55		88	
23		56		89	
24		57		90	
25		58		91	
26		59		92	
27		60		93	
28		61		94	
29		62		95	
30		63		96	
31		64		97	
32		65		98	
33		66		99	
34		67		100	

月　日　100일 100번 목표 : 1

2		35		68	
3		36		69	
4		37		70	
5		38		71	
6		39		72	
7		40		73	
8		41		74	
9		42		75	
10		43		76	
11		44		77	
12		45		78	
13		46		79	
14		47		80	
15		48		81	
16		49		82	
17		50		83	
18		51		84	
19		52		85	
20		53		86	
21		54		87	
22		55		88	
23		56		89	
24		57		90	
25		58		91	
26		59		92	
27		60		93	
28		61		94	
29		62		95	
30		63		96	
31		64		97	
32		65		98	
33		66		99	
34		67		100	

月　日 100일 100번 목표 :　1

2		35		68	
3		36		69	
4		37		70	
5		38		71	
6		39		72	
7		40		73	
8		41		74	
9		42		75	
10		43		76	
11		44		77	
12		45		78	
13		46		79	
14		47		80	
15		48		81	
16		49		82	
17		50		83	
18		51		84	
19		52		85	
20		53		86	
21		54		87	
22		55		88	
23		56		89	
24		57		90	
25		58		91	
26		59		92	
27		60		93	
28		61		94	
29		62		95	
30		63		96	
31		64		97	
32		65		98	
33		66		99	
34		67		100	

月　日　100일 100번 목표 :　1

2		35		68	
3		36		69	
4		37		70	
5		38		71	
6		39		72	
7		40		73	
8		41		74	
9		42		75	
10		43		76	
11		44		77	
12		45		78	
13		46		79	
14		47		80	
15		48		81	
16		49		82	
17		50		83	
18		51		84	
19		52		85	
20		53		86	
21		54		87	
22		55		88	
23		56		89	
24		57		90	
25		58		91	
26		59		92	
27		60		93	
28		61		94	
29		62		95	
30		63		96	
31		64		97	
32		65		98	
33		66		99	
34		67		100	

月　日　100일 100번 목표 :　1

2		35		68	
3		36		69	
4		37		70	
5		38		71	
6		39		72	
7		40		73	
8		41		74	
9		42		75	
10		43		76	
11		44		77	
12		45		78	
13		46		79	
14		47		80	
15		48		81	
16		49		82	
17		50		83	
18		51		84	
19		52		85	
20		53		86	
21		54		87	
22		55		88	
23		56		89	
24		57		90	
25		58		91	
26		59		92	
27		60		93	
28		61		94	
29		62		95	
30		63		96	
31		64		97	
32		65		98	
33		66		99	
34		67		100	

月　日 100일 100번 목표 : 　1

2		35		68	
3		36		69	
4		37		70	
5		38		71	
6		39		72	
7		40		73	
8		41		74	
9		42		75	
10		43		76	
11		44		77	
12		45		78	
13		46		79	
14		47		80	
15		48		81	
16		49		82	
17		50		83	
18		51		84	
19		52		85	
20		53		86	
21		54		87	
22		55		88	
23		56		89	
24		57		90	
25		58		91	
26		59		92	
27		60		93	
28		61		94	
29		62		95	
30		63		96	
31		64		97	
32		65		98	
33		66		99	
34		67		100	

月　日 100일 100번 목표 : 1

2		35		68	
3		36		69	
4		37		70	
5		38		71	
6		39		72	
7		40		73	
8		41		74	
9		42		75	
10		43		76	
11		44		77	
12		45		78	
13		46		79	
14		47		80	
15		48		81	
16		49		82	
17		50		83	
18		51		84	
19		52		85	
20		53		86	
21		54		87	
22		55		88	
23		56		89	
24		57		90	
25		58		91	
26		59		92	
27		60		93	
28		61		94	
29		62		95	
30		63		96	
31		64		97	
32		65		98	
33		66		99	
34		67		100	

月　日 100일 100번 목표 :　1

2		35		68	
3		36		69	
4		37		70	
5		38		71	
6		39		72	
7		40		73	
8		41		74	
9		42		75	
10		43		76	
11		44		77	
12		45		78	
13		46		79	
14		47		80	
15		48		81	
16		49		82	
17		50		83	
18		51		84	
19		52		85	
20		53		86	
21		54		87	
22		55		88	
23		56		89	
24		57		90	
25		58		91	
26		59		92	
27		60		93	
28		61		94	
29		62		95	
30		63		96	
31		64		97	
32		65		98	
33		66		99	
34		67		100	

2		35		68	
3		36		69	
4		37		70	
5		38		71	
6		39		72	
7		40		73	
8		41		74	
9		42		75	
10		43		76	
11		44		77	
12		45		78	
13		46		79	
14		47		80	
15		48		81	
16		49		82	
17		50		83	
18		51		84	
19		52		85	
20		53		86	
21		54		87	
22		55		88	
23		56		89	
24		57		90	
25		58		91	
26		59		92	
27		60		93	
28		61		94	
29		62		95	
30		63		96	
31		64		97	
32		65		98	
33		66		99	
34		67		100	

2		35		68	
3		36		69	
4		37		70	
5		38		71	
6		39		72	
7		40		73	
8		41		74	
9		42		75	
10		43		76	
11		44		77	
12		45		78	
13		46		79	
14		47		80	
15		48		81	
16		49		82	
17		50		83	
18		51		84	
19		52		85	
20		53		86	
21		54		87	
22		55		88	
23		56		89	
24		57		90	
25		58		91	
26		59		92	
27		60		93	
28		61		94	
29		62		95	
30		63		96	
31		64		97	
32		65		98	
33		66		99	
34		67		100	

月　日　100일 100번 목표 :　1

2		35		68	
3		36		69	
4		37		70	
5		38		71	
6		39		72	
7		40		73	
8		41		74	
9		42		75	
10		43		76	
11		44		77	
12		45		78	
13		46		79	
14		47		80	
15		48		81	
16		49		82	
17		50		83	
18		51		84	
19		52		85	
20		53		86	
21		54		87	
22		55		88	
23		56		89	
24		57		90	
25		58		91	
26		59		92	
27		60		93	
28		61		94	
29		62		95	
30		63		96	
31		64		97	
32		65		98	
33		66		99	
34		67		100	

2		35		68	
3		36		69	
4		37		70	
5		38		71	
6		39		72	
7		40		73	
8		41		74	
9		42		75	
10		43		76	
11		44		77	
12		45		78	
13		46		79	
14		47		80	
15		48		81	
16		49		82	
17		50		83	
18		51		84	
19		52		85	
20		53		86	
21		54		87	
22		55		88	
23		56		89	
24		57		90	
25		58		91	
26		59		92	
27		60		93	
28		61		94	
29		62		95	
30		63		96	
31		64		97	
32		65		98	
33		66		99	
34		67		100	

2		35		68	
3		36		69	
4		37		70	
5		38		71	
6		39		72	
7		40		73	
8		41		74	
9		42		75	
10		43		76	
11		44		77	
12		45		78	
13		46		79	
14		47		80	
15		48		81	
16		49		82	
17		50		83	
18		51		84	
19		52		85	
20		53		86	
21		54		87	
22		55		88	
23		56		89	
24		57		90	
25		58		91	
26		59		92	
27		60		93	
28		61		94	
29		62		95	
30		63		96	
31		64		97	
32		65		98	
33		66		99	
34		67		100	

月　日　100일 100번 목표 : 1

2		35		68	
3		36		69	
4		37		70	
5		38		71	
6		39		72	
7		40		73	
8		41		74	
9		42		75	
10		43		76	
11		44		77	
12		45		78	
13		46		79	
14		47		80	
15		48		81	
16		49		82	
17		50		83	
18		51		84	
19		52		85	
20		53		86	
21		54		87	
22		55		88	
23		56		89	
24		57		90	
25		58		91	
26		59		92	
27		60		93	
28		61		94	
29		62		95	
30		63		96	
31		64		97	
32		65		98	
33		66		99	
34		67		100	

月　日　100일 100번 목표 : <u>1</u>

2		35		68	
3		36		69	
4		37		70	
5		38		71	
6		39		72	
7		40		73	
8		41		74	
9		42		75	
10		43		76	
11		44		77	
12		45		78	
13		46		79	
14		47		80	
15		48		81	
16		49		82	
17		50		83	
18		51		84	
19		52		85	
20		53		86	
21		54		87	
22		55		88	
23		56		89	
24		57		90	
25		58		91	
26		59		92	
27		60		93	
28		61		94	
29		62		95	
30		63		96	
31		64		97	
32		65		98	
33		66		99	
34		67		100	

月　日 100일 100번 목표 : 　1

2		35		68	
3		36		69	
4		37		70	
5		38		71	
6		39		72	
7		40		73	
8		41		74	
9		42		75	
10		43		76	
11		44		77	
12		45		78	
13		46		79	
14		47		80	
15		48		81	
16		49		82	
17		50		83	
18		51		84	
19		52		85	
20		53		86	
21		54		87	
22		55		88	
23		56		89	
24		57		90	
25		58		91	
26		59		92	
27		60		93	
28		61		94	
29		62		95	
30		63		96	
31		64		97	
32		65		98	
33		66		99	
34		67		100	

月　　日　100일 100번 목표 : ☐1

2		35		68	
3		36		69	
4		37		70	
5		38		71	
6		39		72	
7		40		73	
8		41		74	
9		42		75	
10		43		76	
11		44		77	
12		45		78	
13		46		79	
14		47		80	
15		48		81	
16		49		82	
17		50		83	
18		51		84	
19		52		85	
20		53		86	
21		54		87	
22		55		88	
23		56		89	
24		57		90	
25		58		91	
26		59		92	
27		60		93	
28		61		94	
29		62		95	
30		63		96	
31		64		97	
32		65		98	
33		66		99	
34		67		100	

月　日　100일 100번 목표 : ___1___

2		35		68	
3		36		69	
4		37		70	
5		38		71	
6		39		72	
7		40		73	
8		41		74	
9		42		75	
10		43		76	
11		44		77	
12		45		78	
13		46		79	
14		47		80	
15		48		81	
16		49		82	
17		50		83	
18		51		84	
19		52		85	
20		53		86	
21		54		87	
22		55		88	
23		56		89	
24		57		90	
25		58		91	
26		59		92	
27		60		93	
28		61		94	
29		62		95	
30		63		96	
31		64		97	
32		65		98	
33		66		99	
34		67		100	

月　日　100일 100번 목표 : 1

2		35		68	
3		36		69	
4		37		70	
5		38		71	
6		39		72	
7		40		73	
8		41		74	
9		42		75	
10		43		76	
11		44		77	
12		45		78	
13		46		79	
14		47		80	
15		48		81	
16		49		82	
17		50		83	
18		51		84	
19		52		85	
20		53		86	
21		54		87	
22		55		88	
23		56		89	
24		57		90	
25		58		91	
26		59		92	
27		60		93	
28		61		94	
29		62		95	
30		63		96	
31		64		97	
32		65		98	
33		66		99	
34		67		100	

月　日　100일 100번 목표 :　1

2		35		68	
3		36		69	
4		37		70	
5		38		71	
6		39		72	
7		40		73	
8		41		74	
9		42		75	
10		43		76	
11		44		77	
12		45		78	
13		46		79	
14		47		80	
15		48		81	
16		49		82	
17		50		83	
18		51		84	
19		52		85	
20		53		86	
21		54		87	
22		55		88	
23		56		89	
24		57		90	
25		58		91	
26		59		92	
27		60		93	
28		61		94	
29		62		95	
30		63		96	
31		64		97	
32		65		98	
33		66		99	
34		67		100	

月　日　100일 100번 목표 : 　1

2		35		68	
3		36		69	
4		37		70	
5		38		71	
6		39		72	
7		40		73	
8		41		74	
9		42		75	
10		43		76	
11		44		77	
12		45		78	
13		46		79	
14		47		80	
15		48		81	
16		49		82	
17		50		83	
18		51		84	
19		52		85	
20		53		86	
21		54		87	
22		55		88	
23		56		89	
24		57		90	
25		58		91	
26		59		92	
27		60		93	
28		61		94	
29		62		95	
30		63		96	
31		64		97	
32		65		98	
33		66		99	
34		67		100	

月　日　100일 100번 목표 : 　1

2		35		68	
3		36		69	
4		37		70	
5		38		71	
6		39		72	
7		40		73	
8		41		74	
9		42		75	
10		43		76	
11		44		77	
12		45		78	
13		46		79	
14		47		80	
15		48		81	
16		49		82	
17		50		83	
18		51		84	
19		52		85	
20		53		86	
21		54		87	
22		55		88	
23		56		89	
24		57		90	
25		58		91	
26		59		92	
27		60		93	
28		61		94	
29		62		95	
30		63		96	
31		64		97	
32		65		98	
33		66		99	
34		67		100	

月　日　100일 100번 목표 :　1

2		35		68	
3		36		69	
4		37		70	
5		38		71	
6		39		72	
7		40		73	
8		41		74	
9		42		75	
10		43		76	
11		44		77	
12		45		78	
13		46		79	
14		47		80	
15		48		81	
16		49		82	
17		50		83	
18		51		84	
19		52		85	
20		53		86	
21		54		87	
22		55		88	
23		56		89	
24		57		90	
25		58		91	
26		59		92	
27		60		93	
28		61		94	
29		62		95	
30		63		96	
31		64		97	
32		65		98	
33		66		99	
34		67		100	

2		35		68	
3		36		69	
4		37		70	
5		38		71	
6		39		72	
7		40		73	
8		41		74	
9		42		75	
10		43		76	
11		44		77	
12		45		78	
13		46		79	
14		47		80	
15		48		81	
16		49		82	
17		50		83	
18		51		84	
19		52		85	
20		53		86	
21		54		87	
22		55		88	
23		56		89	
24		57		90	
25		58		91	
26		59		92	
27		60		93	
28		61		94	
29		62		95	
30		63		96	
31		64		97	
32		65		98	
33		66		99	
34		67		100	

月　日　100일 100번 목표 :　1

2		35		68	
3		36		69	
4		37		70	
5		38		71	
6		39		72	
7		40		73	
8		41		74	
9		42		75	
10		43		76	
11		44		77	
12		45		78	
13		46		79	
14		47		80	
15		48		81	
16		49		82	
17		50		83	
18		51		84	
19		52		85	
20		53		86	
21		54		87	
22		55		88	
23		56		89	
24		57		90	
25		58		91	
26		59		92	
27		60		93	
28		61		94	
29		62		95	
30		63		96	
31		64		97	
32		65		98	
33		66		99	
34		67		100	

2		35		68	
3		36		69	
4		37		70	
5		38		71	
6		39		72	
7		40		73	
8		41		74	
9		42		75	
10		43		76	
11		44		77	
12		45		78	
13		46		79	
14		47		80	
15		48		81	
16		49		82	
17		50		83	
18		51		84	
19		52		85	
20		53		86	
21		54		87	
22		55		88	
23		56		89	
24		57		90	
25		58		91	
26		59		92	
27		60		93	
28		61		94	
29		62		95	
30		63		96	
31		64		97	
32		65		98	
33		66		99	
34		67		100	

2		35		68	
3		36		69	
4		37		70	
5		38		71	
6		39		72	
7		40		73	
8		41		74	
9		42		75	
10		43		76	
11		44		77	
12		45		78	
13		46		79	
14		47		80	
15		48		81	
16		49		82	
17		50		83	
18		51		84	
19		52		85	
20		53		86	
21		54		87	
22		55		88	
23		56		89	
24		57		90	
25		58		91	
26		59		92	
27		60		93	
28		61		94	
29		62		95	
30		63		96	
31		64		97	
32		65		98	
33		66		99	
34		67		100	

月　日　100일 100번 목표 : 1

2		35		68	
3		36		69	
4		37		70	
5		38		71	
6		39		72	
7		40		73	
8		41		74	
9		42		75	
10		43		76	
11		44		77	
12		45		78	
13		46		79	
14		47		80	
15		48		81	
16		49		82	
17		50		83	
18		51		84	
19		52		85	
20		53		86	
21		54		87	
22		55		88	
23		56		89	
24		57		90	
25		58		91	
26		59		92	
27		60		93	
28		61		94	
29		62		95	
30		63		96	
31		64		97	
32		65		98	
33		66		99	
34		67		100	

1

2		35		68	
3		36		69	
4		37		70	
5		38		71	
6		39		72	
7		40		73	
8		41		74	
9		42		75	
10		43		76	
11		44		77	
12		45		78	
13		46		79	
14		47		80	
15		48		81	
16		49		82	
17		50		83	
18		51		84	
19		52		85	
20		53		86	
21		54		87	
22		55		88	
23		56		89	
24		57		90	
25		58		91	
26		59		92	
27		60		93	
28		61		94	
29		62		95	
30		63		96	
31		64		97	
32		65		98	
33		66		99	
34		67		100	

月　　日　100일 100번 목표 :　1

2		35		68	
3		36		69	
4		37		70	
5		38		71	
6		39		72	
7		40		73	
8		41		74	
9		42		75	
10		43		76	
11		44		77	
12		45		78	
13		46		79	
14		47		80	
15		48		81	
16		49		82	
17		50		83	
18		51		84	
19		52		85	
20		53		86	
21		54		87	
22		55		88	
23		56		89	
24		57		90	
25		58		91	
26		59		92	
27		60		93	
28		61		94	
29		62		95	
30		63		96	
31		64		97	
32		65		98	
33		66		99	
34		67		100	

2		35		68	
3		36		69	
4		37		70	
5		38		71	
6		39		72	
7		40		73	
8		41		74	
9		42		75	
10		43		76	
11		44		77	
12		45		78	
13		46		79	
14		47		80	
15		48		81	
16		49		82	
17		50		83	
18		51		84	
19		52		85	
20		53		86	
21		54		87	
22		55		88	
23		56		89	
24		57		90	
25		58		91	
26		59		92	
27		60		93	
28		61		94	
29		62		95	
30		63		96	
31		64		97	
32		65		98	
33		66		99	
34		67		100	

月　日　100일 100번 목표 : 1

2		35		68	
3		36		69	
4		37		70	
5		38		71	
6		39		72	
7		40		73	
8		41		74	
9		42		75	
10		43		76	
11		44		77	
12		45		78	
13		46		79	
14		47		80	
15		48		81	
16		49		82	
17		50		83	
18		51		84	
19		52		85	
20		53		86	
21		54		87	
22		55		88	
23		56		89	
24		57		90	
25		58		91	
26		59		92	
27		60		93	
28		61		94	
29		62		95	
30		63		96	
31		64		97	
32		65		98	
33		66		99	
34		67		100	

月　日　100일 100번 목표 : ___1___

2		35		68	
3		36		69	
4		37		70	
5		38		71	
6		39		72	
7		40		73	
8		41		74	
9		42		75	
10		43		76	
11		44		77	
12		45		78	
13		46		79	
14		47		80	
15		48		81	
16		49		82	
17		50		83	
18		51		84	
19		52		85	
20		53		86	
21		54		87	
22		55		88	
23		56		89	
24		57		90	
25		58		91	
26		59		92	
27		60		93	
28		61		94	
29		62		95	
30		63		96	
31		64		97	
32		65		98	
33		66		99	
34		67		100	

月　日　100일 100번 목표 : ⬜1

2		35		68	
3		36		69	
4		37		70	
5		38		71	
6		39		72	
7		40		73	
8		41		74	
9		42		75	
10		43		76	
11		44		77	
12		45		78	
13		46		79	
14		47		80	
15		48		81	
16		49		82	
17		50		83	
18		51		84	
19		52		85	
20		53		86	
21		54		87	
22		55		88	
23		56		89	
24		57		90	
25		58		91	
26		59		92	
27		60		93	
28		61		94	
29		62		95	
30		63		96	
31		64		97	
32		65		98	
33		66		99	
34		67		100	

2		35		68	
3		36		69	
4		37		70	
5		38		71	
6		39		72	
7		40		73	
8		41		74	
9		42		75	
10		43		76	
11		44		77	
12		45		78	
13		46		79	
14		47		80	
15		48		81	
16		49		82	
17		50		83	
18		51		84	
19		52		85	
20		53		86	
21		54		87	
22		55		88	
23		56		89	
24		57		90	
25		58		91	
26		59		92	
27		60		93	
28		61		94	
29		62		95	
30		63		96	
31		64		97	
32		65		98	
33		66		99	
34		67		100	

月　日 100일 100번 목표 : ___1___

2		35		68	
3		36		69	
4		37		70	
5		38		71	
6		39		72	
7		40		73	
8		41		74	
9		42		75	
10		43		76	
11		44		77	
12		45		78	
13		46		79	
14		47		80	
15		48		81	
16		49		82	
17		50		83	
18		51		84	
19		52		85	
20		53		86	
21		54		87	
22		55		88	
23		56		89	
24		57		90	
25		58		91	
26		59		92	
27		60		93	
28		61		94	
29		62		95	
30		63		96	
31		64		97	
32		65		98	
33		66		99	
34		67		100	

2		35		68	
3		36		69	
4		37		70	
5		38		71	
6		39		72	
7		40		73	
8		41		74	
9		42		75	
10		43		76	
11		44		77	
12		45		78	
13		46		79	
14		47		80	
15		48		81	
16		49		82	
17		50		83	
18		51		84	
19		52		85	
20		53		86	
21		54		87	
22		55		88	
23		56		89	
24		57		90	
25		58		91	
26		59		92	
27		60		93	
28		61		94	
29		62		95	
30		63		96	
31		64		97	
32		65		98	
33		66		99	
34		67		100	

2		35		68	
3		36		69	
4		37		70	
5		38		71	
6		39		72	
7		40		73	
8		41		74	
9		42		75	
10		43		76	
11		44		77	
12		45		78	
13		46		79	
14		47		80	
15		48		81	
16		49		82	
17		50		83	
18		51		84	
19		52		85	
20		53		86	
21		54		87	
22		55		88	
23		56		89	
24		57		90	
25		58		91	
26		59		92	
27		60		93	
28		61		94	
29		62		95	
30		63		96	
31		64		97	
32		65		98	
33		66		99	
34		67		100	

月　日　100일 100번 목표 :　1

2		35		68	
3		36		69	
4		37		70	
5		38		71	
6		39		72	
7		40		73	
8		41		74	
9		42		75	
10		43		76	
11		44		77	
12		45		78	
13		46		79	
14		47		80	
15		48		81	
16		49		82	
17		50		83	
18		51		84	
19		52		85	
20		53		86	
21		54		87	
22		55		88	
23		56		89	
24		57		90	
25		58		91	
26		59		92	
27		60		93	
28		61		94	
29		62		95	
30		63		96	
31		64		97	
32		65		98	
33		66		99	
34		67		100	

2		35		68	
3		36		69	
4		37		70	
5		38		71	
6		39		72	
7		40		73	
8		41		74	
9		42		75	
10		43		76	
11		44		77	
12		45		78	
13		46		79	
14		47		80	
15		48		81	
16		49		82	
17		50		83	
18		51		84	
19		52		85	
20		53		86	
21		54		87	
22		55		88	
23		56		89	
24		57		90	
25		58		91	
26		59		92	
27		60		93	
28		61		94	
29		62		95	
30		63		96	
31		64		97	
32		65		98	
33		66		99	
34		67		100	

2		35		68	
3		36		69	
4		37		70	
5		38		71	
6		39		72	
7		40		73	
8		41		74	
9		42		75	
10		43		76	
11		44		77	
12		45		78	
13		46		79	
14		47		80	
15		48		81	
16		49		82	
17		50		83	
18		51		84	
19		52		85	
20		53		86	
21		54		87	
22		55		88	
23		56		89	
24		57		90	
25		58		91	
26		59		92	
27		60		93	
28		61		94	
29		62		95	
30		63		96	
31		64		97	
32		65		98	
33		66		99	
34		67		100	

月　日　100일 100번 목표 : 1

2		35		68	
3		36		69	
4		37		70	
5		38		71	
6		39		72	
7		40		73	
8		41		74	
9		42		75	
10		43		76	
11		44		77	
12		45		78	
13		46		79	
14		47		80	
15		48		81	
16		49		82	
17		50		83	
18		51		84	
19		52		85	
20		53		86	
21		54		87	
22		55		88	
23		56		89	
24		57		90	
25		58		91	
26		59		92	
27		60		93	
28		61		94	
29		62		95	
30		63		96	
31		64		97	
32		65		98	
33		66		99	
34		67		100	

月　日　100일 100번 목표 : 　1

2		35		68	
3		36		69	
4		37		70	
5		38		71	
6		39		72	
7		40		73	
8		41		74	
9		42		75	
10		43		76	
11		44		77	
12		45		78	
13		46		79	
14		47		80	
15		48		81	
16		49		82	
17		50		83	
18		51		84	
19		52		85	
20		53		86	
21		54		87	
22		55		88	
23		56		89	
24		57		90	
25		58		91	
26		59		92	
27		60		93	
28		61		94	
29		62		95	
30		63		96	
31		64		97	
32		65		98	
33		66		99	
34		67		100	

月　日 100일 100번 목표 : 　1

2		35		68	
3		36		69	
4		37		70	
5		38		71	
6		39		72	
7		40		73	
8		41		74	
9		42		75	
10		43		76	
11		44		77	
12		45		78	
13		46		79	
14		47		80	
15		48		81	
16		49		82	
17		50		83	
18		51		84	
19		52		85	
20		53		86	
21		54		87	
22		55		88	
23		56		89	
24		57		90	
25		58		91	
26		59		92	
27		60		93	
28		61		94	
29		62		95	
30		63		96	
31		64		97	
32		65		98	
33		66		99	
34		67		100	

月　日　100일 100번 목표 :　1

2		35		68	
3		36		69	
4		37		70	
5		38		71	
6		39		72	
7		40		73	
8		41		74	
9		42		75	
10		43		76	
11		44		77	
12		45		78	
13		46		79	
14		47		80	
15		48		81	
16		49		82	
17		50		83	
18		51		84	
19		52		85	
20		53		86	
21		54		87	
22		55		88	
23		56		89	
24		57		90	
25		58		91	
26		59		92	
27		60		93	
28		61		94	
29		62		95	
30		63		96	
31		64		97	
32		65		98	
33		66		99	
34		67		100	

2		35		68	
3		36		69	
4		37		70	
5		38		71	
6		39		72	
7		40		73	
8		41		74	
9		42		75	
10		43		76	
11		44		77	
12		45		78	
13		46		79	
14		47		80	
15		48		81	
16		49		82	
17		50		83	
18		51		84	
19		52		85	
20		53		86	
21		54		87	
22		55		88	
23		56		89	
24		57		90	
25		58		91	
26		59		92	
27		60		93	
28		61		94	
29		62		95	
30		63		96	
31		64		97	
32		65		98	
33		66		99	
34		67		100	

2		35		68	
3		36		69	
4		37		70	
5		38		71	
6		39		72	
7		40		73	
8		41		74	
9		42		75	
10		43		76	
11		44		77	
12		45		78	
13		46		79	
14		47		80	
15		48		81	
16		49		82	
17		50		83	
18		51		84	
19		52		85	
20		53		86	
21		54		87	
22		55		88	
23		56		89	
24		57		90	
25		58		91	
26		59		92	
27		60		93	
28		61		94	
29		62		95	
30		63		96	
31		64		97	
32		65		98	
33		66		99	
34		67		100	

月　日 100일 100번 목표 : 1

2		35		68	
3		36		69	
4		37		70	
5		38		71	
6		39		72	
7		40		73	
8		41		74	
9		42		75	
10		43		76	
11		44		77	
12		45		78	
13		46		79	
14		47		80	
15		48		81	
16		49		82	
17		50		83	
18		51		84	
19		52		85	
20		53		86	
21		54		87	
22		55		88	
23		56		89	
24		57		90	
25		58		91	
26		59		92	
27		60		93	
28		61		94	
29		62		95	
30		63		96	
31		64		97	
32		65		98	
33		66		99	
34		67		100	

月　日　100일 100번 목표 :　1

2		35		68	
3		36		69	
4		37		70	
5		38		71	
6		39		72	
7		40		73	
8		41		74	
9		42		75	
10		43		76	
11		44		77	
12		45		78	
13		46		79	
14		47		80	
15		48		81	
16		49		82	
17		50		83	
18		51		84	
19		52		85	
20		53		86	
21		54		87	
22		55		88	
23		56		89	
24		57		90	
25		58		91	
26		59		92	
27		60		93	
28		61		94	
29		62		95	
30		63		96	
31		64		97	
32		65		98	
33		66		99	
34		67		100	

2		35		68	
3		36		69	
4		37		70	
5		38		71	
6		39		72	
7		40		73	
8		41		74	
9		42		75	
10		43		76	
11		44		77	
12		45		78	
13		46		79	
14		47		80	
15		48		81	
16		49		82	
17		50		83	
18		51		84	
19		52		85	
20		53		86	
21		54		87	
22		55		88	
23		56		89	
24		57		90	
25		58		91	
26		59		92	
27		60		93	
28		61		94	
29		62		95	
30		63		96	
31		64		97	
32		65		98	
33		66		99	
34		67		100	

2		35		68	
3		36		69	
4		37		70	
5		38		71	
6		39		72	
7		40		73	
8		41		74	
9		42		75	
10		43		76	
11		44		77	
12		45		78	
13		46		79	
14		47		80	
15		48		81	
16		49		82	
17		50		83	
18		51		84	
19		52		85	
20		53		86	
21		54		87	
22		55		88	
23		56		89	
24		57		90	
25		58		91	
26		59		92	
27		60		93	
28		61		94	
29		62		95	
30		63		96	
31		64		97	
32		65		98	
33		66		99	
34		67		100	

2		35		68	
3		36		69	
4		37		70	
5		38		71	
6		39		72	
7		40		73	
8		41		74	
9		42		75	
10		43		76	
11		44		77	
12		45		78	
13		46		79	
14		47		80	
15		48		81	
16		49		82	
17		50		83	
18		51		84	
19		52		85	
20		53		86	
21		54		87	
22		55		88	
23		56		89	
24		57		90	
25		58		91	
26		59		92	
27		60		93	
28		61		94	
29		62		95	
30		63		96	
31		64		97	
32		65		98	
33		66		99	
34		67		100	

月　日　100일 100번 목표 :　1

2		35		68	
3		36		69	
4		37		70	
5		38		71	
6		39		72	
7		40		73	
8		41		74	
9		42		75	
10		43		76	
11		44		77	
12		45		78	
13		46		79	
14		47		80	
15		48		81	
16		49		82	
17		50		83	
18		51		84	
19		52		85	
20		53		86	
21		54		87	
22		55		88	
23		56		89	
24		57		90	
25		58		91	
26		59		92	
27		60		93	
28		61		94	
29		62		95	
30		63		96	
31		64		97	
32		65		98	
33		66		99	
34		67		100	

月　日　100일 100번 목표 : [1]

2		35		68	
3		36		69	
4		37		70	
5		38		71	
6		39		72	
7		40		73	
8		41		74	
9		42		75	
10		43		76	
11		44		77	
12		45		78	
13		46		79	
14		47		80	
15		48		81	
16		49		82	
17		50		83	
18		51		84	
19		52		85	
20		53		86	
21		54		87	
22		55		88	
23		56		89	
24		57		90	
25		58		91	
26		59		92	
27		60		93	
28		61		94	
29		62		95	
30		63		96	
31		64		97	
32		65		98	
33		66		99	
34		67		100	

2		35		68	
3		36		69	
4		37		70	
5		38		71	
6		39		72	
7		40		73	
8		41		74	
9		42		75	
10		43		76	
11		44		77	
12		45		78	
13		46		79	
14		47		80	
15		48		81	
16		49		82	
17		50		83	
18		51		84	
19		52		85	
20		53		86	
21		54		87	
22		55		88	
23		56		89	
24		57		90	
25		58		91	
26		59		92	
27		60		93	
28		61		94	
29		62		95	
30		63		96	
31		64		97	
32		65		98	
33		66		99	
34		67		100	

月　日 100일 100번 목표 : 　1

2		35		68	
3		36		69	
4		37		70	
5		38		71	
6		39		72	
7		40		73	
8		41		74	
9		42		75	
10		43		76	
11		44		77	
12		45		78	
13		46		79	
14		47		80	
15		48		81	
16		49		82	
17		50		83	
18		51		84	
19		52		85	
20		53		86	
21		54		87	
22		55		88	
23		56		89	
24		57		90	
25		58		91	
26		59		92	
27		60		93	
28		61		94	
29		62		95	
30		63		96	
31		64		97	
32		65		98	
33		66		99	
34		67		100	

月　日　100일 100번 목표 :　1

2		35		68	
3		36		69	
4		37		70	
5		38		71	
6		39		72	
7		40		73	
8		41		74	
9		42		75	
10		43		76	
11		44		77	
12		45		78	
13		46		79	
14		47		80	
15		48		81	
16		49		82	
17		50		83	
18		51		84	
19		52		85	
20		53		86	
21		54		87	
22		55		88	
23		56		89	
24		57		90	
25		58		91	
26		59		92	
27		60		93	
28		61		94	
29		62		95	
30		63		96	
31		64		97	
32		65		98	
33		66		99	
34		67		100	

2		35		68	
3		36		69	
4		37		70	
5		38		71	
6		39		72	
7		40		73	
8		41		74	
9		42		75	
10		43		76	
11		44		77	
12		45		78	
13		46		79	
14		47		80	
15		48		81	
16		49		82	
17		50		83	
18		51		84	
19		52		85	
20		53		86	
21		54		87	
22		55		88	
23		56		89	
24		57		90	
25		58		91	
26		59		92	
27		60		93	
28		61		94	
29		62		95	
30		63		96	
31		64		97	
32		65		98	
33		66		99	
34		67		100	

月　日　100일 100번 목표 :　1

2		35		68	
3		36		69	
4		37		70	
5		38		71	
6		39		72	
7		40		73	
8		41		74	
9		42		75	
10		43		76	
11		44		77	
12		45		78	
13		46		79	
14		47		80	
15		48		81	
16		49		82	
17		50		83	
18		51		84	
19		52		85	
20		53		86	
21		54		87	
22		55		88	
23		56		89	
24		57		90	
25		58		91	
26		59		92	
27		60		93	
28		61		94	
29		62		95	
30		63		96	
31		64		97	
32		65		98	
33		66		99	
34		67		100	

月　日　100일 100번 목표 : ___1___

2		35		68	
3		36		69	
4		37		70	
5		38		71	
6		39		72	
7		40		73	
8		41		74	
9		42		75	
10		43		76	
11		44		77	
12		45		78	
13		46		79	
14		47		80	
15		48		81	
16		49		82	
17		50		83	
18		51		84	
19		52		85	
20		53		86	
21		54		87	
22		55		88	
23		56		89	
24		57		90	
25		58		91	
26		59		92	
27		60		93	
28		61		94	
29		62		95	
30		63		96	
31		64		97	
32		65		98	
33		66		99	
34		67		100	

2		35		68	
3		36		69	
4		37		70	
5		38		71	
6		39		72	
7		40		73	
8		41		74	
9		42		75	
10		43		76	
11		44		77	
12		45		78	
13		46		79	
14		47		80	
15		48		81	
16		49		82	
17		50		83	
18		51		84	
19		52		85	
20		53		86	
21		54		87	
22		55		88	
23		56		89	
24		57		90	
25		58		91	
26		59		92	
27		60		93	
28		61		94	
29		62		95	
30		63		96	
31		64		97	
32		65		98	
33		66		99	
34		67		100	

月　　日 100일 100번 목표 : [1]

2		35		68	
3		36		69	
4		37		70	
5		38		71	
6		39		72	
7		40		73	
8		41		74	
9		42		75	
10		43		76	
11		44		77	
12		45		78	
13		46		79	
14		47		80	
15		48		81	
16		49		82	
17		50		83	
18		51		84	
19		52		85	
20		53		86	
21		54		87	
22		55		88	
23		56		89	
24		57		90	
25		58		91	
26		59		92	
27		60		93	
28		61		94	
29		62		95	
30		63		96	
31		64		97	
32		65		98	
33		66		99	
34		67		100	

2		35		68	
3		36		69	
4		37		70	
5		38		71	
6		39		72	
7		40		73	
8		41		74	
9		42		75	
10		43		76	
11		44		77	
12		45		78	
13		46		79	
14		47		80	
15		48		81	
16		49		82	
17		50		83	
18		51		84	
19		52		85	
20		53		86	
21		54		87	
22		55		88	
23		56		89	
24		57		90	
25		58		91	
26		59		92	
27		60		93	
28		61		94	
29		62		95	
30		63		96	
31		64		97	
32		65		98	
33		66		99	
34		67		100	

2		35		68	
3		36		69	
4		37		70	
5		38		71	
6		39		72	
7		40		73	
8		41		74	
9		42		75	
10		43		76	
11		44		77	
12		45		78	
13		46		79	
14		47		80	
15		48		81	
16		49		82	
17		50		83	
18		51		84	
19		52		85	
20		53		86	
21		54		87	
22		55		88	
23		56		89	
24		57		90	
25		58		91	
26		59		92	
27		60		93	
28		61		94	
29		62		95	
30		63		96	
31		64		97	
32		65		98	
33		66		99	
34		67		100	

2		35		68	
3		36		69	
4		37		70	
5		38		71	
6		39		72	
7		40		73	
8		41		74	
9		42		75	
10		43		76	
11		44		77	
12		45		78	
13		46		79	
14		47		80	
15		48		81	
16		49		82	
17		50		83	
18		51		84	
19		52		85	
20		53		86	
21		54		87	
22		55		88	
23		56		89	
24		57		90	
25		58		91	
26		59		92	
27		60		93	
28		61		94	
29		62		95	
30		63		96	
31		64		97	
32		65		98	
33		66		99	
34		67		100	

月　日　100일 100번 목표 :　1

2		35		68	
3		36		69	
4		37		70	
5		38		71	
6		39		72	
7		40		73	
8		41		74	
9		42		75	
10		43		76	
11		44		77	
12		45		78	
13		46		79	
14		47		80	
15		48		81	
16		49		82	
17		50		83	
18		51		84	
19		52		85	
20		53		86	
21		54		87	
22		55		88	
23		56		89	
24		57		90	
25		58		91	
26		59		92	
27		60		93	
28		61		94	
29		62		95	
30		63		96	
31		64		97	
32		65		98	
33		66		99	
34		67		100	

Shuda's
Fifth Law

Gratitude, Miracle of Appreciation

• *The vessel of appreciation*
• *Dignity of reconciliation*
• *The growth of faith*

chapter **5**

—

감사 일기 쓰기

슈다의 제 **5** 법칙

감사, 감사의 기적

- 감사의 그릇

- 화해의 품격

- 믿음의 성장

감사함이란
뒤돌아봄으로 인하여 나아가는 것이고,
비움으로 인하여 채우는 것이며,
고개 숙임으로 인하여 스스로 거대해지는 것이다.
나는 감사함으로 더욱 단단해지며 여유로워지고 있기에
다시 감사할 뿐이다.

슈다의 감사 일기 작성

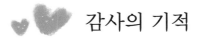 ## 감사의 기적

행복을 배가시키는 **감사의 그릇**

오늘은 어떤 날이었는가? 기분 좋은 하루였는가? 아니면 마음을 상하게 하는 일이 내 머릿속을 계속 맴돌아 괴로운 하루였는가? 지금 현재 나에게 불편한 감정을 만드는 일이 무엇인지 생각해보자. 당신이 적극적으로 행동해서 바꿀 수 있는 일인가? 그럼 행동해서 바꿔라. 하지만 불가피한 일인가? 그럼 어떻게 하는 것이 당신에게 이득일까? 그 해결 방법은 무엇일까? 그것은 당신이 바라보는 그 일에 대해 당신의 사고를 바꾸는 것이다.

그동안 나는 나의 현실을 부정적으로 바라보고 있다는 것을 알면서도, 육체적 · 정신적 피로를 핑계 삼으며, 내 육체와 정신을 바꾸는 것을 거부하고 있었다. 그 시간은 무려 6년이었다. 부정적인 생각이 나에게 준 이득이 있을까? 없다. 이득은커녕 6년이라는 엄청난 시간과 경제적 성장의 기회를 동시에 앗아갔다.

잃어버린 시간과 나의 성장을 되찾아야겠다고 결심하면서, 이 부정적인 생각과 감정을 긍정적으로 바꾸는 효과적인 방법이 절실하게 필요했다. 그리고 제니스 캐플런의 『감사하면 달라지는 것들』을 만나, 감사 일기를 쓰기 시작하면서 내 삶은 긍정적이고 열정적으로 변해갔다.

그녀는 1년 동안 감사 일기를 쓰면서 느꼈던 긍정적 변화를 심리학자, 교수, 의사와 철학자들의 생생한 조언들과 함께 전하고 있다. '감사'가 우리의 인생에 미치는 영향에 대한 과학적 분석은 매우 설득력 있게 다가왔다. 그리고 '감사'가 생각했던 것보다 우리 인생, 가족, 일, 돈, 건강과 행복에 대해 큰 영향력을 줄 수 있음을 깨닫게 해줬다.

나도 이제 행복한 삶을 살기 위해 한 줄의 감사 일기를 쓴다. 나 자신과 가족에 대해 감사의 글을 쓰다가 눈물도 흘려보고 웃어도 보는 이 시간이 행복하다. 감사가 완전히 체화되고 어떤 경우에도 긍정의 힘을 잃지 않는 행복한 그날이 다가오고 있음을 느낀다.

나를 용서하는 **화해의 품격**

나와 세상에게 감사하기로 마음먹으면서 나와 자주 마주한다. 그리고 내가 존경하고 보고 싶고 사랑하는 사람들의 모습이 떠오른다. 감사하고 사랑하고 베풀고 싶은 마음이 솟아난다. 나에게 상처주고 힘들게 한 사람들도 떠오른다. '미움과 사랑은 공존할 수 없다.'는 말을 이제는 이해하기에 그 미움을 뱉어낸다. 이렇게 미워했다가 감사했다가 용서했다가를 반복하면서 나는 나와 다시 만난다.

그리고 불현듯 생각했다. 긍정적으로 나를 바라보며 감사하기 위해 나에게 어떤 믿음을 줘야 할까? 오은영의 『오은영의 화해』에서 그 해답을 얻었다.

그녀는 "우주 공간에 '나'라는 사람은 단 한 명이라는 것을 잊지 마라. 지금의 당신은 충분히 괜찮다. 아픔의 근원은 누군가로부터 받은 잘못된 시선으로 평생 자신을 바라보는 것 때문이다. 그것은 당신의 잘못이 아님을 기억하라. 그리고 자신과 마주할 용기를 가져라. 상처받아 울고 있는 '나'를 안아주고, 자신을 미워했던 '나'를 용서하고, 내면의 나와 손을 잡으며 화해를 시작하라."고 말한다.

'지금 나는 충분히 괜찮다. 내 잘못이 아니다.'를 되뇌었다. 그동안 무의식중에 '네가 잘못해서 이렇게 됐잖아. 바로 잡아. 되돌아가면 안 돼.'라고 나 자신에게 혹독하게 대하고 있음을 깨달았다. 그동안 했던 많은 실수들의 근원이 내 잘못이 아니라고 생각하니 훨씬 마음이 편해졌다. 그리고 한없이 외로웠던 '나'와 마주하며 한참을 울었다. 이제는 자신을 미워했던 나를 용서하기 위해 화해의 손을 뻗는다. 오늘도 언제든지 만날 수 있는 훌륭한 귀인들이 바로 곁에 있음을 감사하며, 사랑스러운 나를 위하여 하루를 보낸다.

성공의 동기를 부여하는 **믿음의 성장**

'내가 한 실수와 실패는 내 잘못이 아니다. 그래도 괜찮다. 나는 가치 있는 사람이다. 나는 사랑받을 자격이 있다. 행복할 자격이 있다.'라는 말들이 머릿속에 맴돌고 있을 때, 우연히 권정생의 『강아지똥』을 읽어달라는 아들의 요청에 이 책을 다시 만났다.

아무짝에도 쓸모없다며 천대받고, 더럽다며 비난받던 강아지똥이 아름다운 민들레꽃을 피워내기 위해 온몸을 다 바쳐 거름이 된다. 권정생은 저렇게 보잘것없는 것도 자신의 몸을 녹여 한 생명을 피워내는 것에 감동하며, 동화책을 쓰기 시작했다고 한다.

내 머리는 괜찮다고, 나는 가치 있는 사람이라고, 사랑받을 자격이 있다고, 행복할 자격이 있다고 말하는데, 내 마음 한편에는 '정말 괜찮나, 정말 가치 있는 사람이 될 수 있을까, 정말 행복할 수 있을까?'라고 묻는다.

이 강아지똥을 읽으면서 이제 이런 의문을 없애본다. 그리고 내 삶을 찾아가기 위해 행동으로 실천하고 있는 지금 이 순간을 바라본다. 몇 개월 전만 해도 꿈을 찾겠다고 고민하던 순간이, 이제는 꿈을 이루기 위한 첫 번째 결과물과 함께 하고 있지 않은가? 그러니 나는 너무 괜찮다. 예전에는 사랑과 베풂이라는 단어에 대해 생각해보지도 못했지만, 지금은 내 능력이 되는 한 많은 사람들을 사랑하고 베풀며 살겠다는 삶의 목표가 있지 않은가? 나는 지금도 앞으로도 사랑받을 자격, 행복할 자격이 충분하다.

당신도 마찬가지이다. 스스로를 믿어라. 그 믿음이 곧 성공의 동기를 부여할 것이다. 그리고 강아지똥이 한 생명을 피워냈듯이, 당신도 절망을 희망으로, 좌절을 열정으로 바꾸는 그런 사람이 되기 위해, 당신이 가진 능력이 무엇인지를 다시 고민해보기 바란다.

슈다북과 함께 하는 성공 필독서

제니스 캐플런의 『감사하면 달라지는 것들(위너북스)』

거친 폭풍의 세상이 아름다운 세상으로 바뀌는 방법

　미국 전역에 감사의 열풍을 불러일으킨 〈퍼레이드〉의 전직 편집 장인 제니스 캐플런, 그녀는 1년 동안 감사 프로젝트를 실행한다. 그 리고 심리학자, 교수, 의사, 철학자, 여러 전문가들과의 폭넓은 인터뷰 와 조언을 구하며, 감사의 가치를 입증해 나간다.

　가장 크게 공감이 갔던 부분은 그녀가 남편과 아이들에게 감사 하고 고마움을 표현했더니, 남편과 다시 사랑에 빠졌고, 아들들이 삶 을 감사할 줄 아는 아이가 되었다는 것이다. 누구나 가슴속 깊이 자 리 잡은 희망사항이 아닐까? 하지만 우리는 타인과 비교하는 것에 익 숙한 나쁜 습성을 가지고 있다. 가장 배려하고 사랑해야 할 남편과 아 내, 자식에게 만족하지 못하고 부족한 면만을 바라본다. 시간이 지나 면 더 사랑해야 하는데, 시간이 지날수록 사랑은 식어가고 관계까지 망가진다. 우리 아이들은 어떤가? 고가의 패딩을 사줘도, 고가의 학원 비를 내줘도, 그들에겐 부모의 당연한 의무일 뿐이다. 학원을 가주는 것만으로도 감사하게 생각하라는 말을 하지 않으면 다행이다. 그녀는 감사의 마음을 가지면서, 이런 부정적인 우리의 현실을 뒤집고 엄청 난 행복을 맞이했다. 우리가 우리를 행복하게 변화시키는 방법은 많은 돈도 특별한 노력도 필요 없는 것임을 생각하게 만든다.

　나는 바로 감사 일기를 쓰기 시작했다. 감사 일기를 쓴 지 얼마 안 되어 나의 존재에 상처를 받는 일이 생겼다. 정신적으로 너무 힘들었다. 사건의 1일 차 때, 분노하고 화가 났다. 2일 차 때, 억울함을 풀어야겠다는 생각이 들었다. 3일 차 때, 도움을 청했다. 하지만 그 누구도 내 감정을 완벽하게 공감해주지는 못했다. 당연히 감사 일기를 제대로 쓰지 못했다. 3일 차에 진심은 1도 느껴지지 않는 '감사합니다.'라는 글이 쓰여 있었다. 4일 차에는 '의도하지 않았지만 내가 너에게 상처를 줘서 미안하다. 그리고 내 부족함을 깨닫게 해줘서 감사하다.'라고 썼다. 감사 일기 덕분일까? 나는 과거와 현재의 나를 반성하기 시작했다. 이 모든 것은 나의 부족함에서 생긴 내 과거의 결과물이었다. 더 공부하고 변화되어야 함을 느꼈다. 그리고 내가 무엇에 집중하고 있는가를 생각했다. 나는 부정적인 감정의 파도 속에서 헤매고 있었다. 그리고 다시 나에게 주어진 것들에게 감사하며 감사 일기를 썼다. 5일 차에는 그렇게 거친 말들을 내뱉은 그 사람의 거친 삶을 느낄 수 있었다. 그래서 오히려 그 사람이 너무 불쌍하게 느껴졌다. 다시 내 마음에 안정이 찾아왔다. 행복한 삶을 꿈꾸며 내가 지금 무엇을 해야 할지에 대해 집중했다. 그녀가 말한 "최악의 경험도 시간이 지나면 감사할 일이 된다."는 말에 무척 공감하게 되었다. 그래서 이 감사 일기 쓰기는 멈출 수가 없다.

　그녀는 이 책에서 나와 내가 가진 가족, 건강, 돈, 직장, 동료에게 감사한다고 해서 현실에 안주하거나 운명을 개척하는 동기가 줄어드는 것이 결코 아니라고 말한다. 오히려 감사는 긍정적 마음을 불러일으키고, 성취욕을 강화시켜 성공할 수 있는 확률을 높여준다는 것, 그리고 가장 중요한 행복한 삶을 살 수 있게 해준다는 것을 강조하고 있다.

바다에서 배가 파도를 만나는 것이 당연하듯, 인생에서 거친 폭풍은 늘 우리를 기다린다. 거친 폭풍에 부딪혀도 아파하며 부서지지 말자. 이 순간도 지나가리라. 이 순간은 새로운 내일을 열어주는 문이 되리라. 우리가 가장 원하는 것은 즐겁고 편안하게 사는 것이 아닌가? 감사하는 마음이 있으면 된다고 하지 않는가? 내가 이 세상에 존재해서 감사하다고 말해보자. 그리고 나에게 일어나는 모든 일을 감사하자. 마음의 여유 없이 늘 급하게 달려온 인생을 바라보자. 이제는 여유를 가지고 나와 주변을 바라보며, 행복의 기회를 잡는 운 좋은 사람이 되어보자. 그리고 익숙하지 않은 감사의 태도를 길러보자. 감사의 일기 한 줄로 감사의 습관을 길들여보자.

오은영의 『오은영의 화해(코리아닷컴)』

당신을 용서하고 당신과 화해하는 것만이 남았다

대한민국 육아 멘토이자 정신의학과 전문의인 오은영 박사. 그녀는 한국일보 정신 상담 컬럼, 〈오은영의 화해〉를 2년간 연재하면서 많은 아픈 사연들을 만난다. 그녀는 어느 누구도 안 아픈 사람이 없다는 것에 마음이 아파왔다. 그리고 어떻게 하면 이들이 마음의 편안함을 얻을 수 있을까를 고민했다.

그녀는 "삶에 고통을 주는 문제의 본질을 찾아야 문제는 해결된다. 자신의 행동과 생각의 패턴을 찾아야 한다. 정확한 자신의 마음을 알아야 한다. 자신과 마주할 용기를 가지고, 상처받아 울고 있는 '나'를 안아야 한다. 그런 자신을 미워했던 '나'를 용서하고, 내면의 나와 손을 잡으며 화해해야 한다. 현재의 내 감정과 상처받은 내면의 '나'를 모두 인정해야 한다."고 말한다.

더욱이 "화해는 '내'가 '나'와 하는 것"이라는 대목에서 지금 내가 부딪힌 벽을 그녀가 해결해주었다. 나는 아직 미움이 완전히 해결되지 않은 것 같다. 감사하는 마음을 가지는 일상 속에서 미워하고 있는 나 자신과 부딪혔다. 미움을 토해내 버리면 좋은데, 더 시간이 필요한 것인지 막힌 느낌이다. 그래서 불편했다.

"속절없이 당했던 '나'와 나를 망칠까 봐 걱정하는 두려움, 자신이 형편없다는 생각, 자신을 향한 비난, 세상에서 가장 초라한 존재로의 인식, 나의 나쁜 면에 진저리쳤던 '나'와 화해해야 한다."는 말을 깊이 생각했다. 살아오면서 항상 느껴왔던 힘든 감정은 무엇일까? 내가 가장 힘들었던 것은 무엇이었을까? 생각하고 생각하며 나의 내면과 대면했을 때, 한없이 외로운 한 아이가 있었다. 그 외로움이 너무도 가슴이 아파서 정말 짐승처럼 껵껵거리며 30분을 울었다. 내면의 나와 마주하는 것이 힘든 것은 당연하다. 하지만 여기까지 온 것은 분명 이길 수 있는 힘이 있다는 그녀의 말에 힘을 내어본다.

지금 내게 필요한 것은 감사하면서 나를 용서하고, 나와 화해하며 나를 찾아가는 것인 것 같다. 사실 감사의 마음을 가지는 것에 내가 가진 미움이 부딪힐 줄 몰랐다. 덕분에 그 만나기 어려운 나의 내면과 만나는 기회도 다시 가졌다. 그래서 감사하고 행복하다. "지금 나는 충분히 괜찮다는 것, 내 잘못이 아니라는 것"이 마음속에서 큰 울림의 파장을 만들어 내고 있다. 왜 이 말에 내 마음이 쓰이는지, 이제 이 감정을 들여다보는 시간을 다시 가져본다.

당신도 감사하며 스스로를 용서하는 여행을 떠나보면 어떨까? 현재의 삶을 더 열정적으로 살게 해주는 감사하는 마음을 가지면서, 현재와 과거에 공존하는 내 내면의 고통을 치유한다면, 훨씬 더 빨리 성공의 길에 오르지 않을까 생각한다.

권정생 글/정승각 그림의 『강아지똥(길벗어린이)』

내 존재의 가치를 빛나게 하라

아무짝에도 쓸모없게 여겨졌던 강아지똥이 아름다운 민들레꽃을 피워내기 위해 온몸을 다 바쳐 거름이 된다. 강아지똥은 생명의 탄생을 위해 기꺼이 희생하며, 사랑과 나눔으로 자신의 존재와 역할에 새로운 의미를 부여한다. 하지만 이렇게 되기까지에는 힘든 시간의 과정을 거친다. 더럽다고 비난받았고 쓸모없다고 천대받았다. 자신이 똥이라는 존재 자체에 놀라 슬퍼했고, 그것도 더러운 똥이라는 사실에 힘들어 했다. 모든 것이 단점이었고, 착하게 사는 것조차 힘들지 않을까를 고민하며 행복하지 않은 시간을 보냈다. 그리고 민들레를 만나면서 자신의 의미와 자리를 찾았다.

'나는 가치 있는 사람, 행복할 자격이 있는 사람이다.'라는 생각과 '내가 정말 세상에 가치 있는 존재가 될 수 있을까? 정말 행복한 순간이 올까?'라는 생각의 시소를 타고 있었다. 그런데 이 책을 읽으며 깨달음을 얻었다. 그것은 바로 주변 사람들의 말에 흔들릴 필요는 없다는 것, 나 자신의 진짜 모습을 찾고 바라보는 것이 중요하다는 것, 나를 인정해주고 알아주는 사람과 함께 해야 한다는 것이다.

그리고 우리는 정말 가치 있는 존재라는 것, 행복한 순간은 바로 지금이라는 것이다. 단지 내가 가진 진짜 능력과 모습이 부정적인 생각이나 고통 속에 숨겨져 안보였을 뿐이다. 똥도 저렇게 사랑과 나눔으로 생명을 탄생시키는데, 무한한 능력을 가진 인간으로서 우리가 못해낼 것이 무엇인가라는 자신감이 생긴다.

더 긍정적인 태도로 더 감사하며 삶을 바라보자. 내가 가진 능력이 무엇인지 더 깊이 바라보고, 진정한 나를 찾아가는 것에 집중하자. 행복은 멀리 있지 않다. 내 존재에 가치가 있다고 느껴지는 그 순간이 바로 가장 행복한 순간이다. 내 존재의 가치를 빛나게 만들어보자.

성공한 이들과 함께 하는
슈다의 성공 실천

『감사하면 달라지는 것들』을 재구성한 슈다의 감사 실천

- 내가 이 세상에 존재해서 감사하다고 말해보자.

- 가족에서 감사하다고 말해보자.

- 동료와 친구들에게 감사하다고 말해보자.

- 충분히 가진 것에 감사하자.

- 삶의 전투적 자세(분노, 화)는 정신적 에너지 소모를 크게 함을 기억하자.

- 감사는 선순환함을 기억하자.
  - 나 → 그들을 충분히 돕는다. + 감사 긍정적 피드백 → 그들이 나를 돕는다.

- 감사가 내 건강을 증진시킴을 기억하자.
  - 감사 표현 → 체중 조절, 면역체계 강화, 혈압 조절, 두통 완화, 수면의 질 향상, 스트레스 저하

- 감사의 표현이 돈보다 더 강한 동기부여가 됨을 기억하자.

- 성공한 경영은 감사리더십에 있음을 기억하자.
  - 자기 힘만으로 성공한 사람은 없다.
  - 상사가 직원에게 감사의 마음을 표현하면 그 영향력이 더 커진다.

- 감사의 표현은 직원들에게 높은 성과, 충성심, 협력을 이끌어
    낸다.
- 운전 중에 오늘 감사한 일에 대해 생각해보자.
- 감사 일기를 쓰자.
    - 주당 작성 횟수 정하기
    - 언제, 어디서 쓸 것인지 정하기
    - 감사를 습관화하도록 노력하기
- 감사 편지를 써 보자.

『오은영의 화해』를 재구성한 상처 치유와 회복

- 부모나 타인들로부터 받은 과거의 상처가 자신의 잘못이 아님을
  인정하라.
- '우리는 모두 가치 있는 존재다.'
- '당신 잘못이 아니다.'
- '지금 이대로도 충분히 괜찮다.'
- 상처받은 나부터 치유를 받아야 한다.
- 자신을 불편하게 하는 행동과 생각의 패턴에 집중하라.
- 정확한 자신의 마음을 알아차려라.
- 자신과 마주할 용기를 가져라.
- 상처받은 내면의 '나'와 그런 자신을 미워하는 '나'를 용서하며

화해를 시도하라.

- 현재의 내 감정과 상처받은 내면의 '나'의 감정을 모두 인정하라.

- 화해는 '내'가 '나'와 하는 것임을 기억하라.

- 진심을 다해 말했는데도 상대가 기분 언짢아한다면 그건 그 사람의 문제이다.

- 사람들은 상대에게 특별한 존재이고 싶어 한다. 충고나 고민들은 나누는 상호작용이 이루어질 때 깊은 인간관계가 만들어진다.

- 그냥 주어진 오늘 하루에 최선을 다하라.

- 매일 잠들기 전 나를 용서하라.

슈다의 감사 일기 작성법

- 주 몇 회 작성할 것인지 결정하라.
- 사소한 것도 좋다. 일단 모든 것에 감사하라.
- 언제, 어디서 쓸 것인지 정확히 계획하라.
- 짧은 문장으로, 함축적으로 핵심만 적도록 노력하라.
- 상황에 따라 필요하면 미래 예언 형태로 작성하라.

성공하는 인생을 만들기 위해 꼭 해야 할 것이 무엇일까를 생각하며 이 다이어리를 만들었다. 이제는 그중에 가장 중요한 것이 감사일기 쓰기라고 생각한다. 나와 세상에 감사하는 것이 진정한 나를 찾아가는 또 하나의 길임을, 열정적인 삶을 살아가는 길임을, 진정한 행복한 삶을 살아가는 길임을 깨달았기 때문이다.

이제 감사 일기 한 줄을 써보자. 예전에 느껴보지도 맛보지도 못했던 행복한 세상과 만날 것이다.

02 행복의 기적을 만드는 감사 일기 쓰기

月　日	

月　日	

月　日	

月　日	

月　日	

月　日	

月　日	

月　日	

月	日	

月	日	

月	日	

月	日	

月	日	

月	日	

月	日	

月	日	

행복의 기적을 만드는 감사 일기 쓰기

月	日	

月	日	

月	日	

月	日	

月	日	

月	日	

月	日	

月	日	

月 日	

月 日	

月 日	

月 日	

月 日	

月 日	

月 日	

月 日	

행복의 기적을 만드는 감사 일기 쓰기

月	日	

月	日	

月	日	

月	日	

月	日	

月	日	

月	日	

月	日	

月　日	

月　日	

月　日	

月　日	

月　日	

月　日	

月　日	

月　日	

행복의 기적을 만드는 감사 일기 쓰기

月	日	

月	日	

月	日	

月	日	

月	日	

月	日	

月	日	

月	日	

月　日	

月　日	

月　日	

月　日	

月　日	

月　日	

月　日	

月　日	

행복의 기적을 만드는 감사 일기 쓰기

月	日	

月	日	

月	日	

月	日	

月	日	

月	日	

月	日	

月	日	

月 日	

月 日	

月 日	

月 日	

月 日	

月 日	

月 日	

月 日	

행복의 기적을 만드는 감사 일기 쓰기

月	日	

月	日	

月	日	

月	日	

月	日	

月	日	

月	日	

月	日	

月 日	

月 日	

月 日	

月 日	

月 日	

月 日	

月 日	

月 日	

행복의 기적을 만드는 감사 일기 쓰기

月 日	

月 日	

月 日	

月 日	

月 日	

月 日	

月 日	

月 日	

月	日	

月	日	

月	日	

月	日	

月	日	

月	日	

月	日	

月	日	

Shuda's Sixth Law

Imagination, Me of Newness

- *Rediscovery of wisdom*
- *The law of simple · ignorant · continuous*
- *Pleasure of imagination*

chapter **6**
—
독서하기

슈다의 제 **6** 법칙

상상, 새로움의 나

- 지혜의 재발견
- 단·무·지의 법칙
- 상상의 즐거움

성공한 내 모습을 상상함에 있어
보다 풍부하고, 보다 정열적이고, 보다 실현가능하도록
끊임없이 타인의 경험과 지혜를 내 것으로 만들 필요가 있다.
이것은 독서와 기록으로 충분히 가능하다.

슈다의 독서 기록 작성

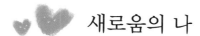 새로움의 나

독서를 통한 **지혜의 재발견**

삶이 힘들다고 느껴지는 순간, 당신은 무엇을 하는가? 스마트폰 채팅, 드라마 시청, 게임, 술, 운동, 친구 등… 일시적으로 도움은 되었 겠지만, 당신에게 고통을 주는 근원적인 문제에 대한 해결 방법은 제 시해 주지 못했을 것이다. 문제의 중심인 '나'를 정면으로 바라보며, 현실을 직시하게 만드는 근원적 해결책을 제시하기란 어렵다. 실패로 자신감을 잃었을 때, 치열한 경쟁 속에서 능력의 한계를 느낄 때, 뭘하고 살아야 할지 막막할 때, 지금 무엇을 해야 할지 모를 때, 진짜 무엇을 해야 할까? 그 답은 책을 읽는 것, 나의 문제를 이미 경험한 그들을 통해 생각하고 바라보며 해답을 찾는 것이다.

평소 나는 나에게 좋은 조언을 해 주는, 때로는 쓴 소리도 해 주는 지인들에게 '나의 귀인'이라는 별칭을 붙이며 그들의 말을 경청했다. 그리고 살면서 내 주변에 많은 귀인이 존재한다는 것에 늘 감사했다. 하지만 문제가 있다. 내가 필요할 때마다 그들이 함께 해줄 수 없다는 점, 지극히 자기 주관적인 견해라는 점, 가장 중요한 것은 나의 문제를 토로하고 나면 미안한 감정이 항상 자리 잡아 불편하다는 점이다. 그리고 건강한 삶을 위해 인간관계는 필수불가결한 요소이지만, 상호작용하는 소통의 관계가 되어야 양쪽이 행복함을 깨달았다.

내가 무엇을 해야 할지 고민하며 갈 길을 헤매면서도, 찾아갈 사람까지 마땅찮은 순간이 오자 너무 답답했다. 날 배신하지 않으면서 나에게 끝없이 조언해 주는 사람이 없을까를 생각하며, 사이토 다카시의 『독서는 절대 나를 배신하지 않는다』를 만났다. 새로운 제2의 인생을 준비하기로 결심했지만, 방향을 잡지 못하고 돛만 띄운 나에게, 그의 책은 내가 가야 할 가장 근원적인 삶의 방향을 제시해주었다.

나는 내가 바라는 행복한 부자가 되기 위한 길을, 책이라는 통로로 그들을 먼저 만난다. 그리고 더 강력한 도움이 필요하다고 판단될 때에는, 전문가인 그들을 직접 만나며 조언을 구하기도 한다. 그들은 이미 갔던 길이고 그 분야의 최고이기에, 내가 서 있는 선택의 갈림길을 정확히 파악하고 분석하여 조언을 제시한다.

독서는 언제 어디서나 가능한 귀인과의 만남이며 지혜의 재발견이다. 과거에 내 삶은 늘 막막하게 느껴졌고, 내가 가는 길이 옳은지를 몰라 두려웠다. 하지만 지금은 세상을 살아가는 데 두렵지 않다. 나에게는 이미 만난 든든한 귀인들이 존재하고, 앞으로도 수많은 귀인들을 만나며 살 것이기 때문이다. 오늘도 그들과의 귀한 만남을 기억하며, 그들에게 감사함을 마음으로나마 전해본다.

의외로 효과적인 단·무·지의 법칙

우리는 화려한 스펙도 없다. 대단한 학벌을 가진 전문가도 아니다. 금 수저도 아니다. 이런 상황에서 성공하기 위한 강력한 무기는 독서, 바로 배움임을 이제 안다. 그럼 효율적으로 배움을 극대화하는 방법은 무엇일까? 배움을 삶 속에서 행동하는 것이다. 더 효율을 올리기 위해 필요한 것은 무엇일까? 지속하는 것, 꾸준함을 가지는 것이다.

단희쌤의『마흔의 돈 공부』에서는 이 해답을 더 명쾌하게 제시해준다. 그는 현재 4050의 경제 멘토, 부동산 재테크 전문가, 1인 지식기업가로 활동하며 40만 구독자를 보유한 유튜버이다. 하지만 그의 30대는 달랐다. 사업 실패의 연속으로 10억 넘는 빚을 지고, 사채업자에게 쫓기며 쪽방촌과 고시원을 전전했다. 그런데 어떻게 성공했을까? 나는 그가 제시하고 있는 경제적 자립 솔루션보다, 그가 다시 일어선 방법과 과정에 주목하고 싶다.

그를 인생의 가장 밑바닥에서 나오게 한 첫 시작은 무엇이었을까? 바로 화장실에 반쯤 찢겨진 책과의 만남이었다. 그 속에서 자신과 같은 상황에서 성공한 한 명의 부자를 만났다. 그는 그 책에 제시된 '독서'와 '마케팅'을 통해 삶을 바꾸기로 결심했다. 마케팅을 중심으로 다양한 분야의 책을 수백 권 읽어냈다. 자신의 단점과 장점을 고려하며 자신에게 맞는 전략을 세웠다. 그리고 단순하고, 무식하게, 지속적으로 모든 삶에 단무지 법칙을 적용하며 행동했다. 그리고 지금 이 부의 자리에 와 있다.

나도 그처럼 일어나야 하는데 내게 부족한 것, 내가 인지하지 못하는 것은 무엇일까? 바로 단무지 법칙이다. 흐름이 끊기면 안 된다는 것, 단순하고 무식하게 지속적으로 내가 해야 할 것들을 하는 것이 가장 중요함을 다시 깨닫는다. 그리고 언제까지란 없다. 성공할 때까지 하면 된다.

의욕을 고취시키는 **상상의 즐거움**

책을 읽으면 읽을수록 신기하게 내 가치관이 무엇인지 알게 된다. 그리고 내가 닮고 싶은 사람, 나의 존재를 빛내 줄 롤 모델이 만들어진다. 그리고 그가 되기 위해 내가 무엇을 해야 할지를 고민한다. 그것이 삶의 목표가 되고 내가 해야 할 작은 일들을 만든다. 나는 상상 속 또 다른 그가 되어, 내가 있을 자리를 상상하며, 그가 해왔던 것을 하는 상상을 한다. 단순한 상상이지만 모든 것을 다 성취한 사람처럼, 성공한 사람처럼 입가에 미소를 띤다.

그리고 너무나도 익숙한 '상상하면 이루어진다.'는 말이 떠올랐고, 상상의 힘이 궁금해졌다. 크리스 버딕의 『상상하면 이긴다』에 제시된 연구 결과들을 통해, 상상이 강력한 힘을 가지고 있음을 더 확실하게 알게 되었다.

뇌는 현재, 과거와 미래 사이에서 상호작용을 한다. 뇌는 주로 현재라는 공간에서 미래에 대한 가정을 하고 몸에게 지시한다. 그러면 몸은 반응한다. 미래에 대한 가정은 믿음이나 욕구, 기대 심리, 상상의 상황에 따라 긍정적 또는 부정적으로 반응한다. 뇌는 현재나 과거보다 미래의 긍정적인 사건에 구체적이고 더 강렬하게 반응한다. 미래에 대한 긍정적 사건, 상상은 자기 자신을 변화시키는 강력한 의욕이 된다.

그래서 또 다른 나에 대한 기대를 가지고 상상하면, 뇌는 미래의 그 모습을 자신으로 인식한다. 현실에 나와서도 미래의 상상 속 내가 되어 그에 맞는 행동을 한다. 왜 성공한 사람들이 자신의 꿈을 상상하는지 이제야 확실히 깨달았다. 크리스 버딕이 말한 "뇌는 새로운 나를 창조한다. 나 자신에 대한 내 기대가 나를 바꾼다."는 말을 가슴 깊이 새겨본다.

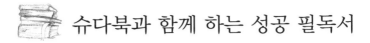

슈다북과 함께 하는 성공 필독서

사이토 다카시의 『독서는 절대 나를 배신하지 않는다(걷는나무)』

힘들고 어려울 때 우리가 만나야 할 사람은 책 사람이다

일본 최고의 교육심리학자이며 메이지대 인기 교수인 사이토 다카시. 하지만 그에게도 8년간 생계를 걱정하며 보낸 빈털터리 대학원 시절이 있었다. 남들보다 뒤처지고 있다는 불안과 초조 속에서, 책을 읽는다는 게 어떤 의미인지, 삶에 어떤 영향을 줄지에 대해 생각할 겨를도 없이, 그는 매일매일 책을 읽었다.

그리고 이제 그는 말한다. "내가 지금 잘 살고 있는 것은 내가 똑똑하거나 운이 좋아서가 아니라, 매일 책을 읽은 힘 덕분이다." 그의 핵심은 이렇다. "독서 습관은 생각하는 힘, 풍부한 간접 경험, 나와 타인 나아가 세상을 이해하는 유연성, 전문가들의 지식과 생각들이 내 삶을 견디는 단단한 내공을 만들어 준다. 이것은 갈림길에서 후회 없는 결정을 내리는 이정표가 되어준다. 내 삶의 지향점과 진정으로 이루고 싶은 꿈을 선명하게 그려준다."

나는 그가 말한 불안감과 스트레스 해소, 몰입, 삶의 지향점, 갈림길에서의 후회 없는 결정, 자아의 재발견, 이 모든 것을 경험했다. 결국 인생의 시작도, 그 인생의 유지도, 위기의 극복도, 삶의 목적지 안내도, 책 한 권에서 시작된다는 것을 깨닫게 되었다.

그가 말한 것처럼 그냥 끌리는 것부터 시작했다. 처음에는 제2의 인생을 위해 경제적 독립이 절실했기에 재테크 분야를 읽었다. 그리고 성공한 사람들의 성공 비결이 궁금해졌고 성공학과 자기계발 분야를 읽었다. 책 속의 그들이 자꾸 나는 누구인지, 진정 내가 원하는 삶은 무엇인지, 그 가치에 초점을 두고 있음을 깨달으면서 '나'라는 사람에게 집중하기 시작했다. 내가 현재 고통스럽고 불편한 것들을 해결해야겠다는 생각이 들었다. 마음의 안정을 찾기 위해 다시 심리학 분야 책을 읽기 시작했다. 이러면서 어느 순간 삶의 목표가 생겼다. 내가 가야 할 길이 보였다. 최소한 현재 내가 '이 지점을 향하면 되겠구나.'라는 생각을 할 수 있게 해주었다.

여기서 내가 가장 소중하게 생각하는 것은 미친 듯이 읽고 행복해했던 그 행복감이다. 초집중하는 몰입의 경험 말이다. 지금도 새벽에 책을 읽다가 출근 준비로 일어나는 그 시간이 매우 싫다. 온종일 책만 읽고 싶다. 다른 것에 대한 욕구가 사라졌다. 어린 시절부터 가져온 인생의 좌우명이 딱 하나 있다. 바로 '하면 된다.'이다. 요즘 한 개가 더 추가되었다. '시간은 금이다.'이다. 책 덕분에 시간의 소중함을 깨달았다. 보통의 직장인들이 다 그렇듯이 시간이 없다. 하지만 누구에게나 주어진 시간은 같다. 단지 그 시간을 잡지 못할 뿐이다. 나는 세상에서 어느 누구도 줄 수 없는 큰 선물, 귀한 시간이라는 선물을 매일 아침 받는다. 그리고 독서로 그 시간을 채워나간다.

그러고 보니 인생에서 큰 선물 하나가 더 있다. 과거의 나는 매우 의존적인, 결정 장애가 심한 삶을 살았다. 하지만 지금은 아니다. 내가 내 인생을 선택하는 주인이 되었다. 그것만으로도 행복하다. 이제 내 삶은 목표 지향적이지만 가치 지향적이며 과정 지향적이라고 말할 수 있다. 삶에 두려움이 없다. 자신 없는 일이 있다면 그것은 배움이 부족할 뿐이다. 그 배움은 책으로 채우고 더 부족하면 책 속의 귀인을 만나 조언을 구하면 된다.

당신은 어떤가? 만약 아직 어떤 길로 가야 할지 모르겠다면, 좋아하는 책 한 권을 읽어보면 어떨까? 절실하게 뭔가 필요하다면 관련 책을 한 권 읽어보면 어떨까? 늘 말하지만 당신이 행동으로 실천할 때만 이 변화가 일어남을 기억하자. 소개된 많은 책들 중에 마음이 가거나 필요한 책을 한 권 읽어보자. 다 읽지 않아도 괜찮다. 그냥 시도해보자. 당신이 진정으로 원하는 것을 꼭 만나는 날이, 미친 듯이 읽으며 행복해하는 날이 반드시 찾아올 것이다.

단희쌤(이의상)의 『마흔의 돈 공부(다산북스)』

구렁텅이 속 인생을 바로 세운 것은 바로 독서

40대 초반의 치열한 자기계발을 통해 부동산 재테크 전문가, 소형 건축 전문가, 마케팅 전문가, 1인 지식 창업 전문가인 단희쌤, 현재 40만 구독자를 보유한 유튜버이다. 공부보다는 자신감으로 버티던 젊은 시절, 준비 없이 세상에 나와 절망적인 30대를 보낸다. 그리고 삶을 송두리째 바꾼 '운명의 책'을 만나면서, 독서라는 강력한 무기로 성공의 길에 오른다.

그는 부와 운을 최대치로 끌어올리는 '돈 버는 무기 3가지'와 4050세대의 안정적인 노후 준비를 위한 '행복한 재테크 5단계'를 제시한다. 그리고 이 모든 것의 핵심 실천 방법인 '독서'와 '단·무·지 법칙'으로 행동할 것을 강조한다.

먼저 '돈 버는 무기 3가지'는 "세상 변화를 민감하게 관찰하며 내가 먼저 '지금 당장'하겠다는 마음을 가져야 한다. 중년의 뇌는 20대보다 더 뛰어나다는 것을 기억한다. 건강함을 유지한다."이다.

인생 제2막을 준비하는 '행복한 재테크 5단계'는 "1단계는 나와 상대를 아는 힘, 실패를 성공의 기회로 삼고 시련을 이겨 내는 힘, 끈기의 힘, 나를 믿는 힘을 기르는 내공 재테크, 2단계는 현재의 거주지를 줄여서 수익형 부동산이나 소형 신축으로 안정적인 현금 흐름을 만드는 부동산 재테크, 3단계는 1인 지식기업가 유튜버가 되어 평생 수익을 창출하는 플랜B 재테크, 4단계는 나대신 일하는 사람과 시스템을 만드는 플랫폼 재테크, 5단계는 진정한 행복은 돈이 아니라, 이타적인 삶에 목적을 둔 선한 영향력 재테크"이다.

부자들의 행동 습관인 '단·무·지 법칙'은 말 그대로 단순하고, 무식하게, 지속적으로의 머리글자를 딴 것이다. 이 법칙은 "단순하게 내가 잘 할 수 있는 것을 선택하는 것, 목표를 정했으면 무식하다고 할 정도로 임계점을 넘길 때까지 하는 것, 시작했으면 중간에 포기하지 말고 끝까지 지속하는 것"으로, 인생 2막을 준비하는 사람이라면 절대 잊지 말아야 할 법칙임을 강조한다.

그는 성공적인 독서 전략을 제시한다. "독서는 사람을 성공으로 이끌고 삶을 완전히 바꿔줄 강력한 도구다. 재테크의 내공도 독서를 통해 다져진다. 이제 '깊이' 있는 독서를 해야 한다. 마케팅 분야의 책은 필수다. 취미가 아니라 목숨 걸고 읽어야 한다. '스키마'를 넓히고 감정과 감성에 연결시키며 낭독하는 것이 독서의 효과를 높인다. 거미줄 독서와 메모하며 읽으면 전문성을 갖출 수 있다. 한 권의 책으로 하나의 좋은 습관을 만든다."

그의 재테크 전략은 지금 시대가 필요로 하는 인생 제2막 성공 매뉴얼이다. 그리고 그의 성공 핵심은 '독서와 마케팅, 단·무·지 법칙과 행동으로의 실천'이라고 생각한다. 결국 포기하지 않고 지속적으로 성공할 때까지 하느냐가 성패를 결정한다. 그러고 보니 살면서 단·무·지 법칙대로 살아온 적이 별로 없었던 것 같다. 그래서 내가 이 자리에 있는 것일까? 남들만큼 살려면 남들과 달라야 한다는 말이 있다. 그런데 남들보다 더 위에 있으려면 얼마나 달라야 할까? 후회하는 것은 아니다. 그동안의 내가 있기에 오늘의 내가 있지 않은가?

이제 단·무·지 법칙을 알았으니, 가장 단순하게 내가 잘 할 수 있는 일과 좋아하는 일을 찾자. 독서라는 몰입의 창고에 들어가 무식함으로 임계점을 넘겨보자. 배움과 열정으로 세상 밖으로 나가자. 포기하지 않고 성공할 때까지 달려보자.

크리스 버딕의 『상상하면 이긴다(프런티어)』

크리스 버딕은 역사적 에피소드, 심리학과 신경과학 실험 연구를 통해 '믿음이 어떻게 현실이 되는가'를 설명해주고 있다. 그는 뇌의 변화에 집중하며 말한다. "생각과 상상, 기대 심리를 가졌을 때 뇌는 강력한 힘을 발휘한다. 특히 뇌는 미래에 대한 긍정적인 사건을 구체적으로 상상할 때 더 강렬하게 반응한다."

나는 그가 제시한 다양한 연구 실험에 대한 결과에 매우 흥미로움을 느꼈다. 먼저 달리기 선수에게 '기록을 깰 수 있다.'는 자신에 대한 믿음이나, '잘할 수 있다.'는 긍정적인 피드백을 준 경우와 단순한 보상을 제공한 경우를 비교하는 실험을 했을 때, 전자가 더 높은 성과를 보였음을 제시한다.

이렇게 뇌는 미래에 사로잡혀 있다. 미래지향적인 뇌는 일정한 패턴으로 앞으로 닥칠 일을 예상하기 때문에, 그 습관적 패턴을 찾으려고 노력한다. 폭발로 다리를 절단하게 된 군인의 이야기에서 다리가 없음에도 뇌는 온전한 몸을 습관처럼 기대한다. 그리고 다리에게 움직이라고 명령을 내린다. 다리가 움직이지 않자 신경계 혼란이 일어난다. '환각지'라고 불리는 심각한 통증을 유발한다. 그는 '거울 상상 실험'에 참여한다. 거울이 달린 상자에 온전한 다리를 놓고, 두 다리가 움직인다는 것을 보고 내 다리가 있음을 상상한다. 그는 통증이 점차 사라졌고 현역으로 다시 복귀한다. 이것의 원리는 뇌는 눈을 통해 다리가 다시 생겼다고 인식하고, 자신이 제어할 수 있는 상태로 돌아갔음을 느낌으로써, 온전한 몸에 대한 뇌의 기대가 충족되어 통증이 감소한 것이다.

감각과 뇌의 관련성은 '탄수화물 음료 실험'에서도 제시된다. 사이클 선수에게 동일한 맛을 낸 탄수화물과 증류수를 가지고 운동 중 입을 헹구도록 하거나, 탄수화물 정맥 주사로 에너지를 주입하는 실험을 하였다. 탄수화물로 입을 헹군 경우만 훨씬 더 빨리 달리고 더 많은 힘을 냈다. 이유는 입을 통해 탄수화물을 지각하고, 몸에 에너지가 추가되었음을 뇌에게 알려, 에너지가 보충된다는 기대감으로 뇌는 몸에 저장된 에너지를 추가로 방출했기 때문이다. 우리의 뇌는 확실하게 느끼는 미각으로 기대를 전달받는다는 사실을 알 수 있다. '탄수화물 음료 실험'과 '거울 상상 실험'을 통해 오감은 뇌로 전달하는 가장 강렬한 수단이 되는 것이다.

다음은 '아바타 착용 가상 실험'의 경우이다. 잘생긴 아바타를 착용한 사람은 자신감이 충만해져 매력적인 데이트 상대자에게 접촉한다. 못생긴 아바타를 착용한 사람은 자신의 프로필을 작성할 때 신장을 과장되게 기록한다. 여기서 자기지각에 대한 기대는 자신의 태도와 행동이 스스로에 대해 갖고 있는 가정과 일치하도록 만든다는 사실을 알 수 있다. 결국 '나 자신에 대한 기대'는 쉽게 조작이 가능하고, '내가 생각하는 나'로 바꿀 수 있다는 것이 핵심이다.

내 존재에 대해 내가 원하는 아바타를 씌우는 것, 오감을 통해 더 강력하게 뇌를 자극시키는 것이 효과적임을 확신하게 되었다. 그리고 성공한 이들의 성공 비결이 생각하고 상상하고 말하고 쓰고 긍정적인 마음을 갖는 것에 있는 이유가 여기에 있었음을 깨닫게 되었다.

나 자신에 대한 기대를 뚜렷하고 명확하게 만들어보자. 나의 오감을 이용하여 내 꿈과 목표가 눈앞에서 선명하게 그려지도록 상상해보자. 진짜 부자들은 한 푼의 돈도 들지 않으면서 쉽게 실천할 수 있는 이 효율적인 성공 전략을 사용하고 있음을 기억하자.

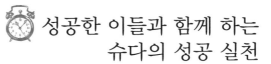

성공한 이들과 함께 하는
슈다의 성공 실천

『독서는 절대 나를 배신하지 않는다』를 재구성한 슈다의 독서 마인드 세팅

- 독서 습관은 생각하는 힘, 간접 경험, 관계의 유연성, 지식의 폭을 향상시킨다.
- 독서는 인생의 갈림길에서 후회 없는 선택을 하게 해준다.
- 독서는 삶의 지향점을 제시해준다.
- 독서는 다양한 낯선 경험을 제공하여 자아를 재발견하는 기회를 제공해준다.
- 독서는 전문성과 시대를 읽는 능력을 향상시켜준다.
- 독서는 내용 파악과 질문을 만드는 능력을 향상시켜 상대의 마음을 움직이는 능력을 높여준다.
- 독서는 스트레스를 해소시켜준다.
- 이제 독서만 하면 된다.

『마흔의 돈 공부』를 재구성한 슈다의 제2막 인생 성공 독서 전략

- 전문적인 한 분야를 선택하라.
- 마케팅 책은 필수로 읽어라.

- 목숨 걸고 깊이 읽고 완벽히 이해하라.
- 거미줄 독서법을 활용하라.
- 책 위에 메모하면서 읽어라.
- 중요한 구절은 낭독하라.
- 1권의 독서로 1개의 습관을 만들어라.
- 독서 내용은 메모장에 기록하라.

『상상하면 이긴다』를 재구성한 상상의 아바타 만들기

- 긍정적인 믿음을 가져라.
- 내가 원하는 나의 아바타를 만들고 상상하라.
- 가슴을 펴고 그 아바타처럼 행동하라.
- 오감을 적극 활용하여 생각하고 상상하고, 읽고, 쓰고, 말하고, 감사하라.

슈다의 독서 기록 작성법

- 독서 기록 방법
  - 독서 목록 기록은 6장의 독서 기록에 기록한다.
  - 독서 메모 기록은 7장의 메모장에 기록한다.
- 독서 목록 기록(6장)
  - 읽고 싶은 책은 '희망 도서 목록'란에 기록한다.
  - 읽은 책은 '독서 습관 기록'란에 기록한다.
- 독서 메모 기록(7장 메모장 연계)
  - '독서 메모'와 '메모장'은 별개가 아니라 하나여야 한다.
  - '독서 메모'는 나의 목표와 꿈을 찾아가는 과정이다.
  - '메모장'은 꿈을 실현하는 과정에 아이디어들을 기록하는 장소이다.
  - 핵심 키워드 중심. 마인드맵 형식으로 기록하라.
  - 날려 쓰지 말고 반듯하게 적어라. 다음에 찾아볼 때 전혀 알아볼 수가 없으면 무용지물이 된다.
  - 꾸미라는 것이 절대 아니다. 기억하기 편하게 만들라는 것이다.
- 독서 전략
  - 처음 시작에는 정말 좋아하는 책을 읽어라.
  - 한 권이라도 정확히 이해하라.
  - 1권에 1개의 습관을 만들고 행동으로 실천하라.
  - 메시지를 내 가슴 속 깊이 새겨라.
  - 독서 기록을 통해 자신의 독서 패턴을 빨리 찾아라.
  - 거미줄 독서법으로 한 분야의 전문성을 가질 때까지 읽어라.

인생에서 롤 모델이 없다면 한 명쯤 만드는 것도 좋지 않을까? 책 속에서 그의 생각과 가치관을 내 가슴 속에 담아보며, 나만의 새로운 생각과 가치관으로 바꿔보면 어떨까? 언젠가 나도 누군가의 롤 모델이 되는 순간을 꿈꾸는 상상을 해보면 어떨까?

이제 시작해보자. 시간이 없다고 핑계 대지 마라. 하늘이 우리에게 가장 공평하게 나눠준 것이 바로 시간이다. 지금 우리의 인생은 가뭄이다. 아무리 씨앗을 뿌려도 싹이 틀 수 없다. 이제 배움의 비를 내려보자. 남들보다 늦어도 된다. 남들보다 더뎌도 된다. 그냥 나를 알아가는 배움의 독서를 매일 실천하다보면, 어느새 남들보다 앞에 서 있을 것이다.

이제 좋아하는 책, 읽고 싶은 책이 무엇인지 찾아보고 '희망 도서 목록'을 적어보자. 읽은 책은 '독서 습관 기록'란에 기록해보고, 인생에 도움이 된다고 생각되는 이야기는 7장의 '메모장'과 연계하여 기록해보자. 한 권의 시작이 당신의 인생을 바꿀 것이다.

02 배움의 씨앗을 뿌리는 독서 목록 기록하기

희망 도서 목록

연번	분야	제목	저자	출판년도
1				
2				
3				
4				
5				
6				
7				
8				
9				
10				
11				
12				
13				
14				
15				
16				
17				
18				
19				
20				
21				
22				
23				
24				
25				

■ 읽고 싶은 책이 있는데 당장 사지 못할 때 기록해 두자.

연번	분야	제목	저자	출판년도
26				
27				
28				
29				
30				
31				
32				
33				
34				
35				
36				
37				
38				
39				
40				
41				
42				
43				
44				
45				
46				
47				
48				
49				
50				

독서 습관 기록

연번	날짜	제목(저자)	1권-1습관	메모 시작일
1				
2				
3				
4				
5				
6				
7				
8				
9				
10				
11				
12				
13				
14				
15				
16				
17				
18				
19				
20				
21				
22				
23				
24				
25				

■ 날짜: 독서 완료일, 메모 시작일: 메모장에 기록을 시작한 일자.

연번	날짜	제목(저자)	1권-1습관	메모 시작일
26				
27				
28				
29				
30				
31				
32				
33				
34				
35				
36				
37				
38				
39				
40				
41				
42				
43				
44				
45				
46				
47				
48				
49				
50				

독서 습관 기록

연번	날짜	제목(저자)	1권-1습관	메모 시작일
51				
52				
53				
54				
55				
56				
57				
58				
59				
60				
61				
62				
63				
64				
65				
66				
67				
68				
69				
70				
71				
72				
73				
74				
75				

연번	날짜	제목(저자)	1권-1습관	메모 시작일
76				
77				
78				
79				
80				
81				
82				
83				
84				
85				
86				
87				
88				
89				
90				
91				
92				
93				
94				
95				
96				
97				
98				
99				
100				

Shuda's Sevent Law

Self-Congratulations, Records of Growth

- Milestones of life
- The evolution of records
- Speciality of existence

chapter 7

메모하기

슈다의 제 **7** 법칙

자축, 성장의 기록

• 삶의 이정표

• 기록의 진화

• 존재의 특별함

성공한 내 모습은
어느 날 하루아침에 완성되는 것이 아니다.
그 부단하고 지난한 과정에서
나의 끊임없는 생각의 편린들을
하나도 놓치지 않고 메모해 두어야
축하의 기쁨이 배가 될 수 있다.

슈다의 메모 작성

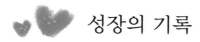 성장의 기록

메모가 보여주는 **삶의 이정표**

　　부자들, 성공한 사람들은 메모광이다? 과거에 이 말을 들었을 때는 어땠는지 생각해보았다. 너무도 당연한 말, 하지만 나와는 거리가 먼 것이라 공감이 안 되는 말. 지금은 다르다. 책을 읽고 정리한 메모들, 목표에 도달하기 위해 생각하고 또 생각하며 떠올린 수많은 아이디어 메모들, 삶의 이정표들로 가득한 메모는 나에게 너무 소중한 보물이다.

이제 메모는 내 삶의 기록 그 자체다. 어느 날 아침 출근길, 운전 중에 아이디어가 떠올랐지만, 책상에 앉으니 기억이 나지 않았다. 그 아쉬움은 이루 말할 수가 없다. 내가 언제부터 이렇게 메모에 열광하고 있었을까? 확실한 목표가 생겼을 때, 절실하게 목표에 도달하기 위해 행동할 때, 바로 그 시점에서 아이디어는 폭발적으로 증가하고, 메모는 나의 보석들을 주워 담는 그릇이 되었다.

나는 현재의 내 메모장 형식이 매우 효율적이고 실용적이기에 만족한다. 하지만 성공한 사람들은 어떤 방식으로 메모하는지 궁금했다. 문제아를 성공한 CEO로 만든 것이 오직 메모 덕분이라는 유근용의 『메모의 힘』을 읽으면서, 다시 한 번 메모의 강력한 힘에 대해 공감한다.

창조적 결과물로 다가오는 **기록의 진화**

어느 날, 그동안 쓴 메모장을 쭉 읽어나갔다. 이대로는 아니라는 내 안의 외침에서 부자가 되어야겠다는 집념으로, 돈만 많은 부자가 아닌 행복한 부자가 되고 싶다는 갈망에서 내 안에 미움이 없어져야 한다는 자각으로, 내 안에 사랑을 채워야 행복해진다는 신념에서 많은 사람을 사랑하며 살리라는 믿음으로, 앞뒤 따지지 않고 돌진하는 열정에서 차분히 경청하는 겸손의 자세가 훨씬 더 많이 얻는다는 깨달음으로, 내가 완성되고 있었다. 내가 했던 기록은 단순한 메모가 아니었다. 진정한 나를 찾아가는 삶의 흔적이었다.

기록은 기록을 낳는다? 기록의 진화, 나만의 창조물, 슈다북이 만들어졌다. 그동안 내용도 이름도 수없이 탈바꿈을 하며, 부자가 되는 길 외에도 나의 외로움, 슬픔, 행복, 열정, 희망, 사랑, 동지를 찾는 마음까지 다 담았다. 이 세상에 나같이 평범한 사람들은 너무나도 많지만, 이 많은 사람들이 서로 의지하고 함께 하면 성공하게 만드는 힘은 더 강력해질 것이라는 희망까지 가져본다. 그냥 생각만 했다면 결코 내가 가지지 못했을 것들, 기록하고 메모한 그 순간들이 있었기에 이렇게 나를 대신하는 또 다른 내가 창조된다.

이제 슈다북이 세상에 나간다. 하지만 세상과의 첫 만남에서 해야 할 단 한마디를 만들기가 무척이나 어렵다. 이렇게 고민과 고민을 거듭하던 중 이채훈의 『크리에이티브는 단련된다』를 만났다. 그리고 그는 그 해답을 찾기 위한 한 줄기 빛을 선사한다.

대박 광고만을 만든 그의 생각을 요약하면 이렇다. "최고의 아이디어는 낯섦은 양념이고 공감이 메인이다. 익숙함에 '어 이건 뭐지?'의 의아함을 한 방울 떨어뜨려라. 그러면 사람들은 기막힌 맛이라며 극찬할 것이다. 최고의 크리에이티브는 멈추지 않고 좋은 습관으로 생각의 근육을 단련하는 것이다. 고민과 고민을 거듭하며 생각의 임계점을 넘겨라. 생각하는 것에 그치지 말고 생각을 써라."

그는 그만의 크리에이티브다운 단련 방식으로, 수많은 기록을 하며 세상의 마음을 뒤흔드는 광고를 만들어 냈다. 오늘 나는 그가 말한 것처럼, 문제의 본질에 초집중하며, 생각의 임계점이 넘어갈 때까지 생각과 기록을 끊임없이 반복해본다.

대체할 수 없는 **존재의 특별함**

요즘 나는 어제의 나와 오늘의 내가 다름을 많이 느낀다. 그 둘의 차이는 무엇일까? 어제의 나를 생각하면, 고단함과 슬픔이 느껴지며 '실패'라는 단어가 떠오른다. 오늘의 나를 생각하면, 행복함과 기쁨이 느껴지며 '성장'이라는 단어가 떠오른다. 똑같은 나를 왜 극명하게 다르게 바라보고 있을까? 그때는 나를 몰랐고, 지금은 나를 알아가고 있다는 것의 차이가 아닐까? 그때는 나를 사랑하지 않았고, 지금은 나를 사랑하고 있다는 것의 차이가 아닐까? 그리고 그 실패가 있었기에 지금의 내가 있다는 것, 그 때의 나도 보석 같은 존재라는 사실을 몰랐기 때문이 아닐까? 바로 내가 아닌 남들의 시선, 사회적 기준에 젖어 나 본연의 나를 바라보지 못했기 때문이다.

이런 순간마다 한 번씩 꺼내 보는 동화책이 있다. 바로 맥스 로케이도의 『너는 특별하단다』이다. 이 이야기는 한 명의 목수가 저마다의 특별한 사랑을 가지고, 웸믹이라는 '작은 나무 사람들'을 만드는 데서 시작된다. 그들은 다른 모습과 성격을 가지고 살지만 잘난 사람에게는 별표를, 못난 사람에게는 점표를 붙인다. 끊임없이 못난 사람에게 붙이는 점표를 받으면서, 좌절하는 한 웸믹에게 목수는 "남들이 어떻게 생각하느냐가 중요한 것이 아니라, 내가 어떻게 생각하느냐가 중요하다. 넌 아주 특별하단다."라고 말한다.

인간은 모두 고귀한 존재다. 타고난 능력도 있다. 하지만 내가 아닌, 부모에서부터 세상 사람들이 만든 '가치'에 따라 별표가 매겨진다. 그리고 생각한다. 나는 그런 사람이라고 말이다.

내 존재에 대한 가치는 내가 매겨야 한다. 그러려면 '나는 세상에서 가장 특별한 사람이다.'라는 사실을 깨달아야 한다. 어느 누구도 나와 같을 수 없다. 세상에 유일한 단 한 사람이다. 지금 이 순간 내가 특별하다는 것에 낯설다면, 당신이 당신을 어떻게 생각하고 있는지를 바라 봐라! 당신이 좋아하는 것이 아닌 좋아해야 하는 것, 당신 본연의 특별함이 아닌 특별해야 하는 것, 내가 잘하는 것이 아닌 잘해야 하는 것을 생각하고 있지는 않은가? 아주 깊이, 끊임없이, 당신에게 집중하라. "나는 나이기에 아주 특별한 사람이다."라고 외쳐라. 내 본연의 나인 작은 특별함을 찾는 순간순간마다 나를 축복하라. 어느 순간, 당신의 특별함이 바로 당신의 존재 그 자체라는 사실을 깨닫게 될 것이다.

슈다북과 함께 하는 성공 필독서

유근용의 『메모의 힘(한국경제신문)』

문제아를 성공한 CEO로 만든 건 오직 메모

　학벌도 스펙도 돈도 없던 흙수저 인생에서, 국내 최대 독서 카페 '어썸피플' 대표이자, 독서 경영 컨설팅 CEO가 된 유근용. 경찰서에 들락거리며 방황한 10대를 보내고, 희망을 품고 대학에 진학하지만, 그마저도 게임 중독에 빠져 삶의 방향을 찾지 못한다. 그러나 군 입대 후 독서를 통해 삶의 방향을 찾고, 특유의 폭발적인 의지와 실행력을 발휘하면서, '초인'이라는 별명과 함께 성공의 길에 오른다. 그는 독서와 메모가 성공으로 이끈 비결임을 강조한다.

　나는 금과 같은 시간을 효율적으로 보내는 것을 중요하게 여긴다. 무언가를 실행하는 것에 집중하며 효율적인 성공 전략을 찾으려고 애쓴다. 내가 가져온 신조인 "어떻게 적느냐가 아니라 무엇을 적느냐가 더 중요하다. 종이 위의 기적, 쓰면 이루어진다."를 그도 가지고 있었기에, 내가 찾던 동지를 만난 것처럼 무척이나 친근하게 다가온다.

　뿐만 아니라 그의 다양한 메모 전략 중에, "아내에게 전하는 사랑 전달 포스트잇 메모, 목표와 인생 계획 메모, 생활 메모와 업무 메모, 재정 관리사 포스트잇 메모, 성공 일기와 감사 일기, 독서 메모"는 표현 방법만 다를 뿐, 슈다북의 '행복한 부자 7법칙'을 실천하는 방법이 매우 흡사해 동질감을 느낀다.

그는 메모를 이런 것이라고 말한다. "사람을 만나면 이름을 기억하기 위해 메모하는 것이다. 기록은 기억하기 위한 것이 아니라, 시간이 지나면 가치 있는 무언가로 변하기 때문에 메모하는 것이다. 치열한 생존 경쟁에서 살아남기 위해 메모하는 것이다. 자신의 성장이고 행복을 위해 메모하는 것이다. 자신의 미래가 바로 메모라는 것이다."

나의 첫 메모 시작은 그냥 적는 것에 집중한 채 그냥 쓰는 것이었다. 하지만 다시 그 정보를 찾기 위해 메모장을 펼쳤을 때 알아볼 수가 없었다. 불편함을 편리함으로 바꾸기 위해, 두 개의 줄을 그었고 기록 방법을 바꿨다. 그 두 줄은 '주제어 제시, 날짜 기록, 독서와 메모장을 하나로 연결, 날짜 기록 칸을 독서 메모 페이지와 병행하여 사용'이 가능하도록 해주었다. 기록 방법은 '키워드 중심, 마인드맵 형식으로 쓰기, 중요한 것에 형관 펜이나 동그라미 치기'로 바꿨다. 이것은 정확한 기록, 빠른 내용 파악, 회상 시 정보 연결의 용이성과 시간 단축의 효과를 제공해주었다. 남들이 보기에는 두 개의 줄을 긋고 효과적인 방법이라고 제시한 것들이 대단해 보이지 않을 것이다. 하지만 실제로 사용해보면, 시간을 단축시키는 효율적인 메모장임을 알 것이다.

하지만 내가 제시한 다이어리의 모든 메모와 기록 형식에 너무 의존할 필요는 없다. 단지 성공한 사람들의 조언과 나의 경험을 통해 만들었으니, 도움이 될 수 있을 거라고 생각한다. 당신이 다이어리를 사용하다가 더 효율적인 방법을 찾아 한 줄을 더 긋거나 다른 의미를 부여해도 좋다. 다시 말하지만 어떻게 쓰느냐가 중요한 것이 아니라, 정말 내게 필요한 그 무엇을 적는 데 초점을 맞추면 되지 않을까?

당신의 성공 조각이 기록된 당신만의 메모를 시작해보자. 매일매일 기록했던 그 조각들이 당신을 성공하게 만드는 밑거름이 될 것이다.

이채훈의 『크리에이티브는 단련된다(더퀘스트)』

최고의 크리에이티브는 작은 습관들로 만들어진다

이채훈은 광고계 최고의 타율을 자랑하는 제일기획 크리에이티브 디렉터이다. 이 책을 읽을 당시 머릿속이 복잡했지만, 최고의 크리에이터답게 익숙함에 살짝 비튼 역발상의 끊임없는 이야기가 내 웃음보를 연타했다. 이 웃음보따리는 그의 책과 함께 해야 기쁨이 두 배가 되기에, 여기서는 크리에이티브가 어떻게 단련되는지에 대한 핵심만 전하도록 하겠다.

그의 핵심은 최고의 아이디어와 최고의 크리에이티브가 되는 방법에 대해 말한다. "최고의 아이디어는 자신의 아이디어에 확신을 가지고, 익숙함이라는 공감을 메인으로, 단순하지만 기발한 낯섦의 양념 한 방울을 떨어뜨려, 감동과 충족감을 주는 것이다. 최고의 크리에이티브는 하늘이 준 재능이 아니라, 작은 습관의 실천으로 만들어진다. 이 습관은 순수한 마음으로 관찰하는 관찰습관, 끊임없이 기록하는 기록습관, 생각을 자신만의 생각으로 편집하는 편집습관, 이 모든 것을 행할 수 있는 건강한 몸 관리습관이다."

그가 대박 광고를 만들기 위해 강조하는 것은 "어떻게 하면 사람들이 좋아할까를 생각하라. 세상보다 딱 반걸음만 앞서라. 사람들이 공감하는 선 앞에 서라. 역발상으로 익숙함을 살짝 비틀어라. 진심을 담아 가장 매력적인 설득을 해라. 언어 유희적으로 표현하라. 문제 속에 정답을 찾아라. 본질에 초집중해라. 진짜 좋아해라. 의도적으로 생각의 근육을 늘려라. 외국인의 시각으로 세상을 관찰하라. 진짜 아이디어를 얻고 싶다면 펜을 굴려라. 궁리 끝에 새롭게 재해석해라. 생각과 몸의 근력을 함께 키워라. 철저히 준비하라."이다.

마케팅의 대체어라고 할 수 있는 크리에이티브함을 말하기에, 그의 한마디 한마디는 정말 버릴 것이 없다. 하지만 진정 그를 성공의 길에 오르게 한 것을 뽑으라고 한다면, 그것은 그의 '비밀 노트'이다. 끝없이 관찰한 것의 기록, 끝없이 궁리한 것의 기록이 있었기에, 세상을 깜짝 놀라게 하는 그 무엇들을 만들지 않았을까?

아직 단련되지 않은 몸이지만, 행동 실천형인 내가 그가 말한 "유헤드 빙빙"을 해보려 한다. 초집중, 공감의 선, 반쯤 앞선 위치, 언어 유희, 훔친 시선, 역발상, 삐딱함, 진정성을 모두 담아 '슈다북 광고'를 만들어본다. 책 제목까지 바꿔가며 만족스런 광고 콘티에 혼자 웃고 난리가 났는데, 지인의 한마디는 "너의 의도보다 다른 것이 상상된다."였다. 한참을 웃었다. 이채훈은 말했다. "실패하는 과정에서 새로운 경험을 몸에 익혀 좋은 결과를 얻는다." 내가 적은 이 우스꽝스러운 콘티가 새로운 점을 찍는 기록의 진화를 만들 것임을 확신하며, 다시 슈다북의 본질부터 바라보는 기회를 가진다.

맥스 루케이도 저/세르지오 마르티네즈 그림의 『너는 특별하단다(고슴도치)』

나는 나이기에 가장 특별하다

사랑을 가득하게 만드는 베스트셀러 작가, 맥스 루케이도. 그의 동화 이야기는 이렇다. 엘리라는 한 목수 아저씨가 저마다의 특별한 애정을 가지고, 웸믹이라는 '작은 나무 사람'을 만든다. 웸믹들은 제각각의 특별함이 있음에도 불구하고, 잘난 사람에게는 금빛 별표를, 못난 사람에게는 잿빛 점표를 붙인다. 펀치넬로라는 한 웸믹은 늘 잿빛 점표를 받으며, 잿빛 점표를 받은 사람들과 어울리고, 스스로가 못난 사람이라고 생각하며 괴로워한다. 어느 날, 점표가 하나도 붙지 않은 루시아를 만나면서, 자신을 만들어준 엘리를 찾아간다. 그는 펀치넬로에게 말한다. "너의 생각이 그 점표를 붙인다. 남들의 생각은 중요하지 않다. 너는 아주 특별하다. 너는 내게 아주 소중한 존재다." 펀치넬로는 그의 행동과 말이 낯설다. 하지만 그의 말이 맞을지도 모른다고 생각하는 순간 점표 하나가 떨어진다. 바로 진심어린 사랑의 메시지가 가슴에 와 닿는 순간, 나는 아주 특별한 존재라는 믿음의 순간에서 변화가 일어남을 보여준다.

나는 생각해본다. 돈이든 사랑이든 행복이든 성공이든 그 중심에는 내가 있다는 것, 성공하는 바른 길을 모르기에 남들의 것을 훔쳐보지만, 그 안에서 나만의 특별함을 찾아야 진정한 내 것이 된다는 것, 그 특별함의 기준은 내가 내 안에서 찾아야 한다는 것, 본연의 나를 사랑해주는 사람과 함께 해야 한다는 것, 내가 원하는 삶을 추구하는 사람들을 찾아 그 집단에 머물러야 한다는 것이다. 이 모든 것을 얻기 위해 가장 먼저 선행되어야 할 것은 '나는 나라는 이유만으로 아주 특별한 사람이다.'라는 사실을 깨달아야 한다는 것이다.

이제 당신이 생각할 차례다. 당신은 당신이라는 존재 자체로 아주 특별한 사람이라고 생각하는가? 당신 안에 당신만의 특별함은 분명 존재한다. 그것은 누군가의 기준으로 만들어지지 않는다. 당신만이 아는 그 특별함은 당신만이 만들 수 있다. 그 특별함은 언제 만들어질까? '나는 고귀한 존재이며 특별한 존재라는 사실을 인정할 때, 그런 나를 축복할 때, 당신의 존재 그 자체를 인정해주는 사람을 만날 때, 그러한 사람들이 많은 곳에 있을 때 만들어진다.' 이제 내가 아닌 나에게서 벗어나라. 진정한 나와 대면하라. 그리고 세상에 나가라. 당신은 언제 어디서나 특별한 사람임을 외쳐라. 그리고 당당히 한 걸음씩 나가는 자신을 축복하라. 성공의 문은 바로 그 순간에 열릴 것이다.

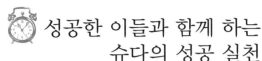

성공한 이들과 함께 하는 슈다의 성공 실천

『메모의 힘』을 재구성한 슈다의 성공 메모

- 너무 형식에 의존하지 마라.
- 키워드 중심의 마인드맵, 그물망 형식으로 메모하라.
- 내용의 핵심 주제어를 생각하라.
- 잊어버리기 전에 항상 메모하라.
- 알아볼 수 있게 메모하라.
- 육하원칙(언제, 무엇…)으로 메모하라.
- 핵심 포인트에 형광펜이나 동그라미로 표기하라.

『크리에이티브는 단련된다』를 재구성한 슈다의 나 단련

- 공감을 메인으로 익숙함에 낯섦과 역발상의 양념을 뿌려서 감동을 줘라.
- 반걸음만 앞서가서, 공감의 선의 가장 앞에서 생각을 살짝 비틀어라.
- 언어유희를 하라.

- 본질에 초집중하라.
- 진심을 담아라.
- 강인한 지구력으로 생각의 임계점을 넘겨라.
- 꾸준한 관찰과 기록, 생각의 재해석, 건강한 몸의 유지를 통해 생각 근육을 단련하라.

『너는 특별하단다』를 재구성한 슈다의 나 특별함의 주입

- "나라는 이유만으로 나는 특별하다."를 외쳐라.
- 아주 사소한 일에도 나를 축복하라.
  - 머리를 쓰다듬어 주기
  - 사랑한다고 말하기

슈다의 메모장 작성법

- 알아볼 수 있도록 기록하라.
- 꼭 화이트를 준비해서 잘못 쓴 글자는 바르게 고쳐라.
- 주제어, 키워드, 마인드맵 형식으로 효율적으로 작성하라.
- '독서 메모'는 '메모장'에 작성하라.
  - 메모는 인생의 목표를 위한 기록이다.
  - 독서는 인생의 목표를 찾아가는 통로이다.
  - 독서와 메모는 함께 기록되어야 한다.
- 날짜나 책의 페이지를 기록하라.
- 한 가지에 대한 생각을 연속하여 기록하고 싶을 때
  - 한 페이지를 설정하기
  - 주제어를 색 펜으로 더 크게 써 놓기
  - 한 장이 다 채워졌는데 계속 필요하다면 다른 한 페이지를 다시 설정하기
  - 일상의 다른 메모는 자연스럽게 다른 장에 계속 이어서 하기
- 가장 중요한 것은 자신이 편한 방법을 선택하는 것임을 기억하라.

나의 특별함을, 나의 목표를, 나의 모든 생각을 기록해보자. 기억을 잡는 것도, 기억의 재창조도, 오로지 당신의 손만이 할 수 있다. 작은 것 하나에도 당신의 대견함을 축하하며 메모를 채워 나가보자. 당신의 어제와 오늘, 미래의 인생 경로가 당신의 메모장에 그려질 것이다.

02

 메모장 – 성공의 조각을 기록하는 메모하기

주제어	날짜 or 페이지	키워드 중심 내용

메모장 – 성공의 조각을 기록하는 메모하기

주제어	날짜 or 페이지	키워드 중심 내용

메모장 – 성공의 조각을 기록하는 메모하기

주제어	날짜 or 페이지	키워드 중심 내용

메모장 – 성공의 조각을 기록하는 메모하기

주제어	날짜 or 페이지	키워드 중심 내용

메모장 – 성공의 조각을 기록하는 메모하기

주제어	날짜 or 페이지	키워드 중심 내용

메모장 – 성공의 조각을 기록하는 메모하기

주제어	날짜 or 페이지	키워드 중심 내용

메모장 – 성공의 조각을 기록하는 메모하기

주제어	날짜 or 페이지	키워드 중심 내용

메모장 – 성공의 조각을 기록하는 메모하기

주제어	날짜 or 페이지	키워드 중심 내용

메모장 – 성공의 조각을 기록하는 메모하기

주제어	날짜 or 페이지	키워드 중심 내용

메모장 – 성공의 조각을 기록하는 메모하기

주제어	날짜 or 페이지	키워드 중심 내용

메모장 – 성공의 조각을 기록하는 메모하기

주제어	날짜 or 페이지	키워드 중심 내용

메모장 – 성공의 조각을 기록하는 메모하기

주제어	날짜 or 페이지	키워드 중심 내용

메모장 – 성공의 조각을 기록하는 메모하기

주제어	날짜 or 페이지	키워드 중심 내용

메모장 – 성공의 조각을 기록하는 메모하기

주제어	날짜 or 페이지	키워드 중심 내용

메모장 – 성공의 조각을 기록하는 메모하기

주제어	날짜 or 페이지	키워드 중심 내용

메모장 – 성공의 조각을 기록하는 메모하기

주제어	날짜 or 페이지	키워드 중심 내용

메모장 – 성공의 조각을 기록하는 메모하기

주제어	날짜 or 페이지	키워드 중심 내용

메모장 – 성공의 조각을 기록하는 메모하기

주제어	날짜 or 페이지	키워드 중심 내용

메모장 – 성공의 조각을 기록하는 메모하기

주제어	날짜 or 페이지	키워드 중심 내용

메모장 – 성공의 조각을 기록하는 메모하기

주제어	날짜 or 페이지	키워드 중심 내용

메모장 – 성공의 조각을 기록하는 메모하기

주제어	날짜 or 페이지	키워드 중심 내용

메모장 – 성공의 조각을 기록하는 메모하기

주제어	날짜 or 페이지	키워드 중심 내용

메모장 – 성공의 조각을 기록하는 메모하기

주제어	날짜 or 페이지	키워드 중심 내용

메모장 – 성공의 조각을 기록하는 메모하기

주제어	날짜 or 페이지	키워드 중심 내용

메모장 – 성공의 조각을 기록하는 메모하기

주제어	날짜 or 페이지	키워드 중심 내용

메모장 – 성공의 조각을 기록하는 메모하기

주제어	날짜 or 페이지	키워드 중심 내용

메모장 – 성공의 조각을 기록하는 메모하기

주제어	날짜 or 페이지	키워드 중심 내용

메모장 – 성공의 조각을 기록하는 메모하기

주제어	날짜 or 페이지	키워드 중심 내용

메모장 – 성공의 조각을 기록하는 메모하기

주제어	날짜 or 페이지	키워드 중심 내용

슈퍼 리치 다이어리 북

1판 1쇄 인쇄 2020년 6월 22일
1판 1쇄 발행 2020년 6월 29일

지은이   서채원(슈다)

발행인   김성룡
코디   정도준
편집   장미경
디자인   김민정

펴낸곳   도서출판 가연
주소   서울시 마포구 월드컵북로 4길 77, 3층 (동교동, ANT빌딩)
구입문의   02-858-2217
팩스   02-858-2219